我很在行

I'm O.G.

金满铮 著

中国书籍出版社
China Book Press

图书在版编目（CIP）数据

我很在行/金满铮著.—北京：中国书籍出版社，2019.10

ISBN 978-7-5068-7508-0

Ⅰ.①我… Ⅱ.①金… Ⅲ.①营销—通俗读物 Ⅳ.① F713.5-49

中国版本图书馆 CIP 数据核字（2019）第 248276 号

我很在行

金满铮　著

图书策划	成晓春　崔付建
责任编辑	成晓春
责任印制	孙马飞　马　芝
出版发行	中国书籍出版社
地　　址	北京市丰台区三路居路 97 号（邮编：100073）
电　　话	（010）52257143（总编室）（010）52257140（发行部）
电子邮箱	eo@chinabp.com.cn
经　　销	全国新华书店
印　　刷	三河市华东印刷有限公司
开　　本	650 毫米 × 940 毫米　1/16
字　　数	225 千字
印　　张	13.75
版　　次	2019 年 10 月第 1 版　2020 年 1 月第 1 次印刷
书　　号	ISBN 978-7-5068-7508-0
定　　价	48.00 元

版权所有　翻印必究

序

老话说,"女怕嫁错郎,男怕入错行"。我知道互联网,不是所有人职场上最好的选择,但一定是最历练人的平台。我的从业领域跨度比较大,从五年前的传统加工企业,一直到后来的互联网、新媒体、平台电商。我突然发现一个问题,做公司也好,做企业也好,其实跟谈恋爱处对象有点像,你既要懂得灵活掌握"用户思维",也要学会换位思考,这样,我们才能成事儿。

这本书的整体结构,按照四个内容板块写的,分别是好玩的营销段子、有趣的在行见面、给创业者的逆耳忠言、培训后的感悟总结。有人说,会写段子的人,做营销创意都不会吃力。我的助理欢欢总问我:"做创意有什么诀窍吗?"我回答:"学会观察生活中的每个细节,然后再刨根问底地找答案。"任何人都不可能源源不绝地生产段子,要是能做好一个段子的搬运工,就已经很不错了。

每一个合格的营销人,都有个必备的本事叫作"会聊天"。而会聊天的前提是先懂得倾听,学会找对方的话语中的"痛点",然后再根据"痛点"给出你的"良药"。曾经我也问自己,"是不是我们有什么样的年龄,就应该做什么事呢?"后来我懂了,"我们做什么事,就应该有什么样的年龄。"

做营销难,做个好营销更难,做个有意思的会讲段子的营销那就是难上加难。而且,即使你未来不从事营销的工作,学点营销的套路,在生活中也是有必要的。

最后,用一句我自己的座右铭,结束我简短的序:"在顺境中别飘,在逆境中别倒。"

目录

第一部分 / 创意 /

我是段子的搬运工,掌握干货很轻松

一、了解一点理论 / 004
二、了解一点表达 / 016
三、了解一点感悟 / 029
四、了解一点案例 / 043

第二部分 / 在行 /

我是一碗毒鸡汤,在行谁喝谁受伤

一、关于电商的基础知识了解 / 060
二、关于产品众筹的刚需的答疑解惑 / 078
三、关于创业者对品牌营销的思路拓展 / 095

第三部分 / **创业** /

我是创业一小白，陪跑打仗玩心情

一、创业者要改变思维 / 112
二、创业者要调整心态 / 130

第四部分 / **培训** /

我是营销翻译器，唤醒企业学创意

一、"你"的问题有多少？
（消费者端的思考）/ 149
二、"我"的五湖四海有知识 / 162
三、卖点训练营10讲，寻找终极答案 / 174

我很在行

创意 — 在行 — 创业 — 培训

第一部分

创意

我是段子的搬运工，掌握干货很轻松

提到营销创意，我立马想到一个播放量破亿的网络综艺节目——《吐槽大会》。在这个节目里，品牌的广告植入那真是可以用"行云流水"来形容，让人看了不仅不会烦反而会喜欢。我喜欢池子的犀利，喜欢李诞的创意，喜欢王建国"语无伦次"的表演，更喜欢张绍刚"没皮没脸"的完美演绎。

在书的开篇，我也用吐槽的方式，再十分隆重地介绍一下自己，"大家好，我是金满铮，一个混朋友圈的伪创业者。"

认识我的人都知道，我培训的时候，有一个原创的开场诗，"远看张家辉，近看大张伟，以为陈羽凡，其实像黄磊。"这四个明星跟我到底有什么关系呢？好多不了解我的人说，"你没有明星的命，就别出来嘚瑟明星的病。"我却想解释一下这四句话背后的含义。

"远看张家辉"，其实是在描述我的产品外观，大多数人都觉得我像"渣渣辉"。"近看大张伟"，是在解释我这个产品的产地是北京，具有北

京人的幽默。"以为陈羽凡",是在描述我的声音,不是我唱起歌像他,而是我的声音足够有磁性。最后一句是,"其实像黄磊",我想表达的是讲师的身份,比如之前的新浪、后来的京东、爱奇艺平台,等等。

好多新朋友加我微信,都发现在朋友圈里,金老师活脱就是一个"晒娃狂魔",十条朋友圈里六条动态都是关于儿子的。微信朋友圈其实有一个心理逻辑,就是每个人的心里越没什么反而越喜欢晒什么。儿子的长相跟我完全不同,是我太太的翻版,我每次只能硬撑着说,"儿子性格随我,好玩,有趣,能说。"

讲师都喜欢在适当的时候,在内容里穿插笑话,而我偏偏愿意在"梗里"放知识点。这也是为什么我的恩师苏然对我有这样的评价:"满铮的讲课很带感,控场力很强。"直白点来讲就是,"心智还没成熟,就又开始挑刺了"。

上面的内容就是我对自己的吐槽,接下来,会有大量的段子等你来读。

一、了解一点理论

1. 你好，超级朋友

（营销，让你的客户成为朋友，让你的朋友成为客户）

在销售产品的过程中，我发现一个普遍的道理，"成交一个新客户需要很久，但深挖一个老客户，要比成交一个新客户要容易些。"

对每个人来说，到底谁能成为你一辈子的朋友呢？我曾经听过这么一句话，"一个人的成功，不在于你在顺境中打败过多少个强大的对手，而是在于你在逆境中留下了多少个帮你的朋友。"

我们小时候拿玩具当朋友，都爱说真心话，长大了我们拿朋友当玩具，偶尔背锅挡箭。我自从创业之后，做了很多很傻的事情和冲动的决定，比如找投资人融资，比如删微信好友。我们要记住一点，有时候选择比努力更重要。

还有人告诉我，你的80%的收入，都是你身边20%的人脉贡献的。慢慢地，我发现自己过去的朋友越来越少，每天打交道的，不是同事，就是客户，或者合作方。到底还有多少人，能跟我做除了利益之外的"真朋友"呢？接下来，我就说说我创造的一个词，"超级朋友"。"超级朋友"是我从罗振宇嘴里的"超级客户"演变思考过来的。"超级朋友"，是具有强黏性、高互动性、自带传播属性、有品牌价值，需要长期维护的可收费"用户"。

我曾经在一次爱奇艺的大会上，听到了这么一句话，"如果你是做母婴产品的，能打动妈妈，就算成功了一半，但是如果能打动孩子，那就等于持续付费。"

如何才能维护好你的"超级朋友"，是不是用钱？可以，但效果不会持续得好。那我说说我的四步建议。首先，深挖痛点。其次，分类筛选。然后，建立社群。最后，内容沉淀。

（1）"深挖痛点"。从某种意义上来说，消费者关心的，才是你该关心的。我曾经说过这么一句话，"如果我服务不好，请您跟我直说，如果我服务好，请您转发朋友圈。"好多产品营销都喜欢沉浸在"自嗨模式"中，卖产品也好，卖服务也好，不论是写文案，还是做图片，假设你要想持续在付费用户身上赚钱，一定不是卖"功能"，而是卖"感受"。

对于营销的阶段，我也解读为三个层次：第一个层次是"卖家市场"。我家边上有鱼塘，我就养鱼卖鱼。我家山后有苹果树，我就卖苹果。第二个层次是"需求市场"。消费者需要吃饭，就会去找饭馆。消费者需要打电话，就会去买手机。消费者需要什么，卖家就提供什么。第三个层次是"场景市场"。消费者的需求，有的时候是被品牌商创造出来的。去电影院就要喝可乐和吃爆米花，打篮球就一定要买速干衣和运动手环，约人见面谈项目都会下意识选择咖啡厅或者茶楼。这些"需求"有时候是品牌主创造出来，而非消费者的本意。

有人会问我怎么挖"需求"，是不是就是单纯地在你客户面前问问题？我很正经地回答你，我的答案是"撩"。"撩"是有目的性但又很有隐蔽性地探索需求的"缺口"。可以用星座等一切潮流的方式，但千万不要用令人反感的电视购物式的轰炸式交流。

（2）"分类筛选"。有"标准"的才是相对有效的。不去分析他们的人群画像，没有"标准"的选择一定是让你营销成本增加。我建议你可以按照目的、性格、行业、性别等因素去划分。我之所以几次删朋友圈里的好友，也是为了提高信息浏览的品质与点对点传播的到达率。懂得说话要掌握尺度、表达深度与知识体系的应用。

有人问我，你会看人吗？会看透消费者跟你沟通和成为朋友的目的吗？我的回答是，很难。

"建立社群"，聚焦的才是能活跃的。那什么样的群才能有活跃度呢？首先要持续有内容输出，其次有固定的人员维护，然后就是有活跃分子来带动气氛。每个社群要有规则，优质的群不在乎人数多少，而是重于话题聚焦，有群领袖。我的粉丝群的活跃度一般，但是总是有一些人主动分享内容，从不滥发广告。

（3）"内容沉淀"。说干货的才是可传播的。每个群都会有很多的聊天记录，但是真正能沉淀和传播的，可能是一条订阅号的内容，一张思维脑图，一段不错的音频节目，或是一个可参考的BP（商业计划书）。

知识付费是一个风口，谁能把内容做成商品，再把商品做成平台，最后把平台做成一个真正的品牌，那这个品牌一定是具有长久的商业价值。说到这里，我想起了"得到""凯叔讲故事""樊登读书"会等知识分享类的APP。当已经拥有强大内容之后，在社群里卖任何东西给超级朋友，就会变得易如反掌。

对于我来说，谁是我现在最重要的超级朋友呢？我的答案是，儿子晴天。

我打小儿就被各种长辈教育：

爸爸教育我说，"再淘气，警察叔叔就把你抓走。"

妈妈教育我说，"再贪玩，就让大灰狼把你抓走。"

奶奶教育我说，"再不听话，老妖精就把你抓走。"

爷爷教育我说，"再不来吃饭，坏人就把你抓走。"

我现在想想，"为什么这些妖啊鬼啊魂儿啊的都想带走我呢？难道我是唐僧转世？！"

后来我有了儿子，我也要开始教育他了。儿子晴天，从只会简单地冲我笑，到慢慢地会冲我点头，慢慢地会冲我叫爸爸，慢慢地会冲我说"我爱你，晚安"，慢慢地会冲我说"我不用你管"。我通过陪伴儿子，找到了更多的营销的灵感，比如有的游乐场写着"第二个家长半价票""爸爸陪同免费"。这些营销的点子，都是在挖掘亲子之间的痛点，通过服务和产品来获取我这些所谓的"超级朋友"。不论你是不是做母婴行业产品，你有没有很好地维护这些"超级朋友"呢？

2. 用户思维

（营销过程，理解用户思维）

做营销的人，有时你真的不知道消费者会是谁，他们跟你的认知是不是有很大的差异。

我34岁生日的当天，选择去在济南的大学城，给一群"99后"的大二学生讲"众筹"。说实话，好久没回到大学校园讲课了，特别还是讲如此冷门的课程，我曾经一度焦虑过许久，到底要如何给他们讲众筹的知识呢？

我的第一反应是，把知识变成段子讲给大家，但是后来发现我错了。他们更需要在我的帮助下，解决他们所感到的"焦虑"。但是对于幼教院校里学互联网金融班的学生，他们都有什么"焦虑"？我又应该怎么引导他们学众筹呢？

我的答案是，利用我最喜欢的"用户思维"，把他们的"问题"解决。我上课的第一个问题，"同学，你的梦想是什么？"是不是很有"网综"选秀的感觉？确实，大多数的同学都会一脸茫然地回答我，"我没有什么梦想！"

不过，我还是遇到一个姓刘的同学回答说，"老师，我想开个酒吧。"

或许没有人能体会到我当时的心情，如果引用一段古语，那就是"久旱逢甘露，他乡遇故知"。正当我真心不知道该怎么讲的时候，这个问题真的是救了我。开酒吧是可以看作一次众筹项目，同学们到底可以通过什么方式来众筹呢？股权众筹、债券众筹、回报众筹，还是捐赠众筹？

这一系列的问题，很顺理成章地就成了我的课程的"开篇"。没想到的是，到了第二天，更多同学的"梦想"被我"激活"了。比如有人想开足球俱乐部，有人想开乒乓球俱乐部，有人想开奶茶店。

这批"99后"都是很有想法的孩子，在我的引导下，他们又了解了什么是众筹的流程、种类、优势、风险、盈利模式，甚至知道了众筹平台怎么赚钱，如何花钱，等等。

我敢说，即使你是一个北上广深的上班族，或者做金融的，也不一定都知道这些知识点吧？但是，我的学生们已经能很好地能理解这些枯燥的内容。我说过，我是用"用户思维"给他们讲课，那如何在课堂上呈现呢？答案是，我让大家告诉我他们每个人的星座，我用发微信红包的方式给学生们点名签到。我声明一下，这种行为肯定不是用红包来"诱导"孩子上课，而是一些"物质鼓励"，同时也在告诉他们，培养习惯肯定需要有效的方法。

我是学金融的，懂得钱的重要性。除了给发红包，怎么能让同学们在课堂上活跃起来呢？我的答案是，让有才艺的刘同学，给大家表演节目。想开酒吧的刘同学在课堂上，唱了一首陈奕迅的歌，班里的同学们都很喜欢，教室一下子就热闹起来。有了气氛，又如何能跟同学们打成一片呢？我的做法更奇葩，中午去男生宿舍跟大家一起玩"吃鸡"。班里总共只有五名男同学，我跟其中的三个男生打了一把，结果不到半个小时，同学们带我"吃鸡"了。

你上学的时候，有没有在课堂上睡过觉呢？我猜肯定有，特别是下午课。那我怎么做，才不会给学生们讲"睡"呢？我再一次用了我的教学"必杀技"，给同学们放众筹成功的电影《大鱼海棠》。而最让我感动的是，他们好多人给我写了影评。他们的表达真的打动了我。

而接下来的两周，我给学生们玩了一场刺激的产品众筹的博弈游戏。我根据星座的顺序，把这些可爱的孩子们分成了4个"品牌"公司。他们的职位分别是老板、项目经理、销售经理、产品经理、设计总监、文案策划、品牌推广和项目运营。我要求他们利用两周的产品众筹学习，尝试营销产品。

孩子们很喜欢这种角色扮演式的游戏教学，尝试开公司做生意。他们自己起了公司名称，重新定义产品，提炼了卖点，写了产品文案，拍了抖音视频，做了产品详情，模拟做了推广，最后还进了一场路演。

总体来说，我很享受跟学生们一起上课的感觉。但我有点不确定，我这么做，是不是真的把好的知识传授给他们了呢？不管他们最终是否吸收了，至少在这一个月的课程里，他们很好地理解了什么是"用户思维"。

3. 心道法术器，乌鸦来教你

（做营销，先理解方法）

在营销之前，应该先用弄明白，我们做事是不是都有方法。第一个故事，就从我的一个培训行业的前辈，小崔老师给我讲的故事开始说。小崔老师是做讲师经纪的，公司叫"先闻道"。有一天，他在饭桌上，给我讲他理解的《乌鸦喝水》的故事，让我彻底明白了一个做事的道理。他总结这个逻辑叫"心道法术器"。

乌鸦喝水的寓言故事，几乎所有的成年人都知道。那乌鸦到底是存着什么"心"呢？乌鸦本身喝水的需求，就是它的初心。如果把问题迁移至产品或者服务的营销上，那就是先明确客户真正的需求。

"道"，就是道理，是做事情的原理和可遵循的规则。道理和规则是不变的，很多做得不好的原因不是没遵循道理，就是没把控好方向。道是可循的，有些人做得出色，是因为他们会根据自身的道理，打破原有的固化思维，创造了新的规则，或者升级了认知。

乌鸦口渴了，看到瓶子里有水，它通过用石头填充杯子里的空间，使水位上升来喝水。在我看来，营销也是如此，它是人性最底层需求的影射，发现自己饿了就吃，发现自己困了就睡，发现自己冷了就穿厚点……

"法"，就是方式或方法。有时候，方法的选择，也决定事情进展的快慢，错误的方法会让我们事倍功半。因此找对适合自己的方法，比做事本身更重要。我总是说具体问题具体分析，要是总套用别人的方法，那肯定行不通。

假设乌鸦的嘴足够长，它可以选择将嘴直接插进瓶子里喝水。假设乌鸦的嘴足够硬，它也可以选择用嘴打碎瓶子喝到水。如果乌鸦的嘴既不够长也不够硬，那它就得选择其他方法——用石头往里面填充，使水位升上来再喝。

"术"，其实是战术，具体的操作流程问题。有人很懂得战略，知道怎么去作战，有的人很懂得战术，掌握具体操作和执行每个环节。"术"的反复推敲，确实能帮助我们找到最好的操作流程，节省时间，最终达到事半功倍的效果。

对于乌鸦来说，到底是把石头竖着放，还是横着放进去瓶子呢？它每次投放的姿势是把脖子调整到45度角，还是60度角呢？

它每次叼一块石头，还是两块石头呢？这些具体的问题，其实只要乌鸦经过几次操作，肯定就能找到属于它自己的"战术"了。

"器"，就是在操作时用的器物，或者物品。在打仗的时候，没有一件趁手的兵器，会让自己的本事大打折扣，甚至断送性命。

乌鸦到底是选择大石头还是小石头，方石头还是圆石头，这些具体的内容，也需要它考虑。要是大石头，每次只能叼一块，而且会很沉。要是叼小石头，可能需要很多块，才能使水位升上来。要是方石头，可能会塞不进瓶子。要是圆石头，会很容易从嘴边掉落。

看似很简单很传统的寓言故事，我们通过做事的方法论来看，确实还蛮实用的。你每次做事情，有没有按照这五个维度去思考问题呢？个人建议，把每个事情都拆成足够细的小问题，逐个击破。

做营销的目的是什么？

如果是获取客户，那接下来的问题是获取什么类型的客户？

倘若是女性客户，那接下来的问题是在什么流量上获取这样客户？

再如果是在抖音上，那接下来的问题是通过讲段子还是音乐翻唱？

如果决定通过音乐翻唱带出产品信息，那接下来的问题是通过什么渠道把这个内容推广到更多的平台？

每一次拆分问题，都要深入思考。当问题不能得到解决的时候，就反问自己的营销团队，怎样做才能解决问题，如何改变策略、内容、方式和媒介，等等。

4. 我是 COI，比你的 KOL 强

（做营销，需要懂得借大 V 的势）

我猜大多数人认知的"网红"，可能还停留在"锥子脸"的美女上。"网红"不同于明星，"网红"大多数都在某个领域上，都具有相对权威的话语权，一句话解释就是"一呼百应"。

曾经有人跟我说，"金满铮，你其实就是网红，你就是 IP。"说实话，我也想过做"知识网红"，也尝试做过在众筹圈里做意见领袖，但是都没有特别成功。我自己分析了失败的原因，本质就是四个字，"不够坚持"。KOL（Key Opinion Leader，简称 KOL）是一个不错的身份，这是营销学上的概念，通常被定义为：拥有更多、更准确的产品信息，且为相关群体所接受或信任，并对该群体的购买行为有较大影响力的人。KOL 对我们的生活到底有多大的影响呢？我觉得是有的。但 KOL 不一定都有流量变现的能力，而得 COI（Center of Influence，即影响力中心）则一定能。

COI 是我创造的词，我最推崇的对这个词的理解是"真实有效，不求花哨"。

你也许还是没懂我想表达什么，那我就再深入浅出地说一下。好的 KOL，只是内容的制造者和传播者，而好的影响力中心，既能输出有价值的内容，也能为内容做到有效的传播，还能做到内容快速变现。

影响力中心，首先需要一个影响力的人，或者一个有号召力的群体。其次，COI 的表达力要有力度，有深度，有广度。我也尝试做 COI，但还是要选对的流量，面向对的受众，展示对的产品，做

自己。

我做众筹的服务和咨询，已经是第五年了，有没有让我看上眼的产品呢？有，不多。那有没有一个项目能挑战"猫王"音响，颠覆"三个爸爸"空气净化器，完爆"小牛"电动车的地位？目前还没有！智能产品太多，能有特别的营销新意，一定需要影响力中心的推广。

营销人应该了解一个道理：深度做内容电商的，如果不能转化的推广，就等于是在敷衍你的平台，践踏你的流量，玩弄你的粉丝，损害你的品牌。有一次给九阳集团培训，品牌的一个负责人问我，"金老师，如果我现在有很多学校的家长群，我们要不要通过里面的老师和家委会主席，来推销我们的豆浆机？！"

他跟我解释说，这两个人就是我嘴里所谓的"KOL"。老师确实相对权威，而且有管理权的能力，如果在群里发通知和软性的"产品广告"，家长肯定都会言听计从。其次就是另外一个人，家委会主席。这个身份一般是老师指派或者家长们推选，再或者就是学习好的家长默认承担。但是问题来了，你觉得哪一位更适合在家长群里做产品的推广，成为 KOL 呢？

我的答案是，他们确实是不同身份的 KOL，但是他们都不适合做产品营销。第一，老师的身份有行业的规则和职业道德的底线。家委会主席是家长中的"精英"，同时也有一个其他家长"被嫉妒"的人物标签。因此，他们都不适合做营销推广。应该寻找像我这样，在群里既活跃又有煽动力的家长，因为他们是群中的 COI。比如在社群里持续产生"内容"，发发带孩子的心得，发发出去玩的攻略，包括一些好玩的视频。一旦 COI 的形象打造成功，就可以尝试推荐产品售卖了。

好的 KOL，可以从上至下影响消费者的购买可能性，而真正能成交的应该是那批活跃的 COI。直白地说，像我这样喜欢聊天，爱表现的家长，应该就是我儿子幼儿园微信群里的 COI。如果九阳的品牌选我这样的奶爸，是不是更容易推荐他们的新品呢？最后再试问一下，你的品牌有没有属于你的 COI 呢？

二、了解一点表达

1. 我的鞋舒不舒服,你说谁知道?

每次上台培训,就像上场比赛,要对得起场下的学员,要对得起自己的付出。我的导师苏然说过:"仪式感大于内容。"对于我来说,鞋子舒服很重要,我力挺AJ13!我是典型的"80后",乔丹对我来说就是神,也是NBA里最多的记忆。乔丹的比赛,乔丹的电影,我都很喜欢。提到鞋,我刚给一家知名的西班牙女鞋品牌做了企业内训。那次参加内训的都是一线的销售负责人和店员,在某种意义上,他们对客户的需求和判断比我还厉害。

我在整个培训过程中,发现这个品牌的客户大多都有以下的5

个标签：

（1）年龄分布是35岁到55岁的女性。

（2）以公司高管、医生、老师、老板为主。

（3）全国的一、二、三、四线城市都有。

（4）以妈妈的标签为主。

（5）具有很强的购买能力。

那么，如何做好微信营销呢？我觉得店员必须把控好6个环节：了解情况、自我介绍、打开兴趣、交流情感、销售转化和品牌传播。

了解情况有很多种方法，例如现在大家常玩的微信朋友圈。我每次加一个新的微信好友，都去翻他半年的朋友圈内容。看看他有没有结婚，有没有孩子，哪里人，什么时候过生日，玩不玩游戏，看不看电视剧，喜欢分享什么类型的文章。

自我介绍是每个人在加完好友后做的第一件事。有人直接给对方留手机号，有人会发名片，也有人只是打一个自己的姓名。在这里我建议所有做营销的人，应该做一个自己的电子版的名片，包含手机号、电子邮箱、公司地址、公司名称和担任职务5个基本要素。与此同时，最好给自己一个比较适合自己的人设，方便别人记住你，也知道如何称呼你。

打开兴趣是比较有技巧的一项工作。两个陌生人打开话题可能是因为工作，那就要以最好的话题开始你们的交谈。我一般都会问星座，接下来会根据我在对方朋友圈里发现的信息，跟他主动交流。我在这里教大家一个问候语的方式，叫作双重否定表肯定。比如，当你跟一个好久没聊天的老板发微信，千万不要发"老板，忙不？"或者"您好，在吗？"这样的沟通是无效的，而是换成类似"李总，您最近没来北京出差吧？！"这样，无论对方怎样回答，都有利于你继续话题。

交流情感，主要做的一件事就是挖掘人性。我在整本书里都在阐述这个重要的观点，聊天不能聊死，切记说话要给对方"留口气"。好多时候对方是老板或是负责人，我们要懂得选择给对方开放型的答案，而不是选择 A 或 B，因为对方有时也没有很好的回复，聊天的局面会尴尬，会下不来台。

销售转化，我不得不说一个词——"会撩！"

谁能做到会撩，就能很快地"成交"。比如，你逛一家服装店，结果遇到两个不同的售货员，跟你打招呼，说两种不同的开场白，你猜猜自己会因为哪个先成交呢？

售货员 A：您好，欢迎光临，我们店里来了一批新衣服，您平时穿 L 还是 M，我给您拿过来试试？

售货员 B：您好，欢迎光临，您的包是 xx 牌子的吧？我也很喜欢！我们店有个新到的外套，特别适合您的皮肤颜色，跟您的包也很搭，我感觉您穿起来肯定会特别好看！

或许你会说，第二个售货员更热情，爱说话，肯定跟第二个成交。

我觉得你说得没错，换了我，也会先跟对方寒暄，然后再考虑售货员的推荐。至少这样的"撩"让我听着很舒服，也更容易成交。每个人的成交，都有自己的套路。我算不上优秀的销售，但是我每次营销，都秉着两个原则，四个字的宗旨——"真诚、专业"。

品牌传播，是最后一步，也是最重要的一步。再好的产品力，也需要有口碑传播。对于传播来说，书中也提到过 KOL 和 COI 的区别。

对于品牌传播，消费者相互能"转介绍"，便成了一个核心问题。"转介绍"的关键点是——利益。

什么叫利益？

说个案例，我几个月前去邢台讲课，一家咖啡厅的老板问我一个问题，"如何让顾客主动用手机扫二维码点菜下单？"

我的第一反应是，手机下单是否方便？第二，用手机和不用有什么区别？

咖啡厅的老板说，方便是方便，但本质没有区别。结果我就问她一个问题，"用手机点菜，能否咖啡免费续杯，或者送冰激凌一个？"

后来，她顿时就反应过来了。当消费者没有拿到利益的话，为啥要用你给的方式点菜呢？如果，你想让客户给你转介绍新客户，是不是要给他们足够多的利益呢？比如，分享朋友圈领红包、拼团免减、拉新返现，等等。

2. 君子爱财取之有道

如果你具备营销的意识，敏锐的市场洞察力，外加好的商品渠道，那挣钱就会变得容易多了。我这次来长沙培训遇到一个朋友，他就是一个的赚钱的好手，在大学时代赚了一桶金。我给这位朋友起了个绰号，"老领导"。

"老领导"是一个年轻有为的企业的部门负责人，其实比我还年轻一岁，但"老领导"在大学时代做了三件有趣的事，让我十分佩服。

一、美人计男袜，百发百中。

"老领导"刚进大学的时候，发现身边的同学们有个生活需求，就是买衣服。"老领导"是在南方上的大学，那个城市气候潮湿，洗衣服和晾衣服就变成了普遍的老大难问题。他从老家认识一个不错的袜子的渠道商，50元钱3双。他就思考：大多数男生不爱洗袜子，袜子也容易臭，如果每个男生能多买两双换着穿，是不是就能解决不爱洗袜子的问题呢？

"老领导"每天都在思考如何把男袜子卖出去，后来想到一个极好的办法：他在每个新生班里，找到相对好看的女同学，然后跟她们谈"代理"，让这些姑娘们把袜子卖给同班的男同学们。

对男生而言，美丽的女孩来"营销"，他们是不太会拒绝的，再加上是同班同学，他们会在照顾面子的情况下，直接就"付款拿货"了。"老领导"就这样，每个班挑选一个长得不错又能说会道的女生，利用两个月时间，基本搞定了她那一届所有新生班的男生市场。

有人会问，这么好的买卖是不是也会有 bug 呢？Yes！到了第三个月美女们该产生新一轮销售的时候，另外一个男同学也发现了这个商机，就找到另外一家袜子供应商，把价格立马变成20元3双。于是"老领导"的这次的"商业变现"被"乱价"所影响，后来不得不去转战别的市场了。

二、信息不对等，赚取差价。

"老领导"在学校上了一年学，熟悉了环境，又发现很多新的需求。比如除了买衣服的需求，其实还有学习的需求。"老领导"确实聪明过人，人脉也是十分好，后来不知道什么机缘巧合，他遇到一个图书经销商。他发现大一的新生入学，都会从家里带很多工具书，如《英汉词典》等。

"老领导"跟经销商商量，能不能给他找一些价格又低市场需求又大的书籍。那个经销商告诉"老领导"，他手里有一批词典要脱手。原价90多元，而他的只需要60元。

"老领导"心里合计：机会不错，价格便宜啊！可是如何才能把这些书出售呢？这次"老领导"继续打起了大一新生的主意。他找了几个戴眼镜看着斯斯文文的男生，开始进行一轮轮的宿舍扫荡，兜售词典。

三、返程是刚需，拼车回家。

一转眼，"老领导"大三了。他发现身边的师兄师姐马上要毕业了，很多人开始回自己的城市上班工作了。"老领导"认识一个做旅游的朋友，这个朋友有一个很好的资源，就是小巴车。旅游也分淡旺季，尤其是到了过年左右，学生放假之前，其实没那么忙碌。"老领导"开始琢磨，怎么利用这个小巴车做买卖。

"老领导"在学校其实早就是风云人物了，在挣钱方面已经很有名气了。他决定做一个大买卖，就是"拼车回家"计划。"老领导"利用这几年在学校的人脉，掌握了大多数学生回家的时间和方式。他发现有一个刚性需求，就是很多学生放假回家，不需要坐火车和飞机，而是乘坐省内的大巴车。

"老领导"就把这些学生组织到一起，每个学生收80元，按照不同的目的地进行分组，然后集中安排好小巴车送学生回家。"老领导"为了更好更快地组团，就把每个小巴车上负责张罗的同学的费用给免了。

这个"拼车回家"的事情，很快就引起了校园的轰动，大家纷纷组团报名，既解决了大家回家的问题，也让大家相互认识，回家变得都没那么无聊。"老领导"随着"业务"的规范化，发现了新问题，如果只是做返程，总觉得生意不够饱和。要是想赚更多的钱，就要扩大规模，于是他开始考虑是不是可以在每年开学的时候，把"接人"的活儿也办了。

但"接人"的活儿，后来经过各种尝试，还是失败了，原因是同学们来的时候时间不一样，也很难统一。最关键是当时的沟通成本太高，没有现在的微信，手机也不是智能的，原本想扩张的"老领导"，最终还是选择不做了。

总体看来，"老领导"似乎每件事都没有动用太多的体力，都是通过别人，把价格、产品、需求连接在一起，他是不是很厉害？不过，我在听完这些故事之后，也有了三个深度的思考。"老领导"为什么能每次都成功挣到钱？他到底解决了同学们的哪些场景问题？他如果想把每一个继续做好，应该需要什么呢？

"老领导"为总能什么成功？我的答案是，他应用了互联网营销的底层逻辑。第一次卖袜子，是利用了消费者喜欢好看的东西，又好面子的心理；第二次卖词典，是利用价格竞争和贪小便宜的心理；第三次卖座位，是利用刚需，形成了社群信任和用户黏性。

解决了什么场景？我的答案是，第一次解决了消费者"高频＆低价"的生活场景；第二次解决了消费者"同质＆价优"的学习场景；第三次解决了消费者的"社群＆方便"的出行场景。而且每次的场景的消费都在升级，逐渐让消费者信任他、选他。

如何做就能持续做大呢？我认为，只要有这三样东西，就一定能解决"老领导"的发展问题。那就是，"持续流量，支付工具，平台扶持"。如果你不太懂呢，我建议可以联想一下"嘀嘀打车"。只有持续流量，才能让消费者持续买；只有支付工具，才能让消费者方便用；只有平台扶持，才能让消费者有依赖。

3. 国强则民强

越是民族的，越是世界的，你到底有多爱，你就有多感慨。

2018年夏天，我看了很多综艺节目，其中《相声有新人》令我记忆尤深。我敢说这个节目的收视率应该要比《中国新说唱》差很多。但是对于我这个既爱说唱，又爱相声的人来说，到底怎么选呢？我的答案是，哪个节目能直抵人心，哪个我就选择多关注一点。

相声是中国的传统艺术，我们应该保护好，但是要不要发扬光大，或者进行改革创新呢？我的观点是：保持中立。毕竟我不是说相声的，我也没有发言权。我是听相声的，我知道什么是我爱听的，什么是不合适的。我希望相声好，但谁又能让说相声的人好好地存活下来呢？在中国的相声市场，大多数都不挣钱，赔钱干。他们还在坚持做这个行业，为什么？我觉得是因为有一个像郭德纲先生这样坚持，并且能赚到钱的"偶像"存在。更多的相声从业者还在努力，还在坚持，坚信相声的复苏一定会到。

讲完了悲惨的相声圈，再说说我对传统行业转型的看法。如何做到"互联网+"的模式？好多传统企业在转型互联网、转型电商，甚至转型社交电商，大家都会选择打破过去的产品思维，尝试用户思维，但是大多数都很坎坷。

在转型的过程中，经常能听到传统行业与互联网公司相互斗嘴。互联网大佬对传统企业老板说："你们传统企业太low，太土,太没前途!"传统企业老板冲着互联网大佬说:"你们做互联网的,都天天吹牛,哪个不靠资本撑腰,有个几个能真心挣到钱的?"

不管他们是不是说得对,反正我觉得有点道理。我觉得传统企业转型确实有压力,特别是很多大的,在自己领域内已经比较成熟的企业。那互联网公司是不是也开始向传统企业示好呢?我在这里不得不说一个被无数次拿来举案例的品牌——小米。

小米,应该是所有讲营销的人都会提的品牌。但是他是不是真的是一个互联网思维的公司呢?从早期的论坛收集用户意见,到后面的一代代的手机面世,甚至做到了小米品牌的生态链的版图扩张。小米的广告语也从"探索黑科技,小米为发烧而生"慢慢变成了"拍人更美"。

讲到小米代言,我不得不提一个老梗,吴亦凡。很多人质疑小米自称是一家不做广告的公司,为什么还从梁朝伟换成吴亦凡代言呢?我觉得这个是应潮流所趋,不进则退的选择。这说明了,互联网的推广不是免费的,也不是没有广告预算,只是很多互联网公司没有拿真正自己的钱去做广告,因为这些钱烧的是投资人的。

我在几次培训中,都听过一些营销讲师否认吴亦凡的营销价值,我感到很无奈。我虽说不是他的粉丝,但是觉得作为一个营销人,假设你看不到他的"流量明星"的属性,那就不要站台讲了,丢人!

而现在,一家互联网基因的智能手机品牌,也开始玩上了线下体验店。这说明了什么?互联网企业开始学会拥抱传统行业,线上的流量太贵了。在同一个起跑线,谁有更好的体验模式,谁就能继续扩大用户存量,保持消费者的活跃度,让品牌继续有新的生命力,品牌的核心价值也会迭代升级。

除了中国文化的发展和传统企业转型,最让我最焦虑的是,"传统企业转型时,互联网营销人应该这么帮他们呢?"一次简单的培训是不是可以打开思路呢?我觉得太不够了,需要持续给他们注入新的内容和思路,让他们真正转型。这半年,我帮助很多企业转型,有些是通过培训,有些是通过咨询,有些是通过顾问,有的效果很明显,有的遇到了"一听就是好好好,一走就是好麻烦"的窘境。

传统企业转型应该怎么做呢?我其实给过3个步骤的建议,先转变思维,再表达产品,最后拓展渠道。但更多的企业是倒过来的,先盲目地找新渠道,微博火了玩微博,电商火了玩电商,微信火了玩订阅号,直播火了玩直播,抖音火了玩短视频……

太多的企业需要转变思维了,而我会义不容辞地为此努力与付出。因为我知道,只有挑战,你才会成功。

4. 闲来置忙来用,"共享文案"不轻松

在创业的过程中,我接触过很多的老板。有将近八成以上的老板,都在跟我抱怨找不到好文案,而找到好的文案又留不住。八成以上的负责人都吐槽线上的营销越来越吃力,大部分的原因是电商的流量越来越不好搞,就算赶上6·18的大促,好像有些类目的客户也在抱怨销量平平。那我倒想问问:"到底是流量不好,你的产品不好,还是你的产品表达得不好呢?"

如果你还是束缚在传统的营销思维中,那我推荐你看一本宝典,《尖叫感》!

推荐完书,我们就聊聊"共享"的话题。我猜你肯定听过"共享雨伞",用过"共享充电宝",但肯定还没听过"共享文案"吧?一年前,我去美丽的湛江进行了一次为期两天的培训。这次经历让我深深感觉到不论是传统企业,还是互联网电商品牌,都缺好的"文案"表达。所以我想要不要做一个"共享文案"的项目,给大家解决刚需问题呢?说到文案,我有个朋友告诉我说:"文案的工作是一个特别技术的活儿,因为做文案的人,既要懂策划,也要懂数据,还要懂销售、心理、市场和表演(提案的时候用得上)。"

我个人感觉,好的文案不一定能直接跟销售挂钩,但是能改变消费者对品牌或者具体到某种产品的认知。在湛江有很多饲料行业,他们大多数都是对接传统行业的上下游企业,而且很多面对的是渔民或者农民群体。那里的企业负责人大多不太了解社交媒体,思维还是停留在传统加工行业的营销思维层面。那问题来了,这样传统的饲料行业,要不要通过互联网转型呢?我个人觉得他们目前在转型的过程中遭遇了几个尴尬问题。

(1)人才缺失,收入少。从业人员越来越年轻化,但行业过于传统,人员匹配和工作主观能动性出现了问题。对于这个bug,我感同身受,因为我刚毕业就进入了一家传统的地毯制造厂,底层员工和管理层年龄相差巨大,理念和上班状态完全不匹配,导致推进具体业务和内容会有偏差和理解上的断层。

(2)环境传统,认知浅。目前传统行业业务所处的内容,卖的产品和渠道都是B2B的比较多,所以他们的营销思路和现在的互联网和电商的B2C不太一样。简单地说,一个是卖给渠道上的思维,看价格，看量，看利润；另外一种是终端客户购买的逻辑，看效果，看感受，看对某种品牌的认知。

（3）行业局限，转型难。传统行业的企业高管，大部分是产品思维，而非用户思维。习惯了我们有什么卖什么，而不是消费者要什么我们造什么。企业资产过重，颠覆型的改革成本太大，目前市场上没有合适的触电（电商）、触网（网络营销）的成功案例。

不过呢，我觉得每个行业都有自己的发展规律。不论是O2O、共享经济、AI，还是区块链，谁都有可能在一次风口改变一个公司，改变一个行业。我觉得，只要找到营销的本质，应用好渠道和媒体，谁都可以重新定义自己所处的行业与位置。

话说回来了，如果我给大家提供一种叫作"共享文案"的服务，你是否愿意尝试呢？至于怎么做呢，我先说说我的思路。

好的文案，我觉得可以分成两种，一种是通过功能表达商品卖点；一种是通过场景表达商品卖点。比如我们卖一根圆珠笔，如果是卖"功能"，我们会说，老板专属签字笔，油墨稳定，老板签合同十年不褪色；如果是卖"场景"，我们会说，这支笔是考试专用，书写流畅、节约时间。

想要写出好的文案，首先，平时一定要多用心看身边的广告，懂得多留意，多研究；其次，方法就是用笔抄，通过书写，领会原创者的想法与创意；最后，就是用好的文案来改，通过别人的成功，去升级成你的文案结构。

大家认同好的文案，不是用文字说服消费者，而是通过内容跟消费者找共鸣。如果文案只是把产品本身的功能都讲述一遍，消费者很难理解你的意思，因此，多去给消费者讲产品带来的好处，解决了什么问题。我的"共享文案"项目做法其实很简单，当你需要给你的产品写产品文案，写广告软文，写新闻稿，写公关稿，写营销策略方案，写淘宝直播脚本，写抖音脚本，写视频脚本的时候，只要你认识一位超级牛的大咖鸡血君老师，就能搞定了！

接下来，是鸡血君老师想通过我，来转告给大家的话：

大家好，我是鸡血君。感谢金满铮老师的推荐，如果你正在为文案苦恼，也许我可以帮到你。我在过去10多年的传播和营销从业历程中，没有一天不是与"文字"共事。我为不同行业的很多项目提供文案支持。这些文案以不同的表现形式出现在任何可能的载体上，我把它称之为：企业和用户之间沟通的"情话"。其实打动用户并不难，最简单的一句话就是：写出TA想要的，而不是你想说的。再复杂一些就是：①从用户需求出发（建立用户思维）→②找准切入点→③拿捏文字→④形成传播所需的文案（将文案视为"流通货币"）→⑤通过适合的媒介传播→⑥让用户接纳"货币"并继续流通。

三、了解一点感悟

1. 在手机维修店的那些事

  我从小就最佩服的是手艺人，比如像我父亲就会做饭，经济再不好，他都不会饿着自己。有一次我去修手机，感受了一下修手机行业里的人是怎么赚钱怎么做买卖的。

  四年前，我用的还是小米4手机，不小心把屏幕摔得稀烂，就只好在家附近找维修店。当我进第一家维修店的时候，就直接问有没有小米4的屏幕，老板边修手头的手机，边对我说："哦，没有，这个需要订货，我们不备货，明天来吧！"

  虽然第一家老板态度不好，但是我知道当时的小米的配件确实不好找，我忍了。出门前我还低情商地问了一嘴："别人家会有吗？"维修店的老板很有力地回答我，放心肯定没有，说这个一般的维修店都不会有备货的。

我沮丧地走出第一家，冒着小雨，来到距离很近的第二家。第二个维修店的老板看我拿着手机，主动地问道："兄弟，手机卖吗？"

我说不，只是想修一下屏幕。老板看了一下，问是不是进水了。我说没有，只是刚才摔了一下。第二个老板也是同样的答案，没有现货，需要订货，而且要交订金。他打电话确认了屏幕的价格是280元，但是要明天才能修。

我当时的业务算是比较多，要是一分钟不看手机，都怕错过太多工作上的信息。于是我就尝试找下一家店。我来到第三家店，正好有一个年轻留短发的男人在修电脑。这个人就是老板，身边有两个孩子和两个女人。我通过他们之间的对话，听出那个大一点的男孩是他儿子，5岁。小一点的是刚满4个月的女儿。另外的两个女人是他的老婆和妈妈。

老板说，这个屏幕他这有备货，但是需要我等会儿才能修。他要先修完手头的电脑和另一部手机，才能帮我换小米4的屏。就在我排队等待的这两个小时里，一共来了五个人买手机充值卡，四组人修手机。

先说说买充值卡的人吧，这个群体我觉得很有意思。

首先这些人大部分都不是智能手机的用户，而且有两个男人是让修手机的老板给充的值。一个是价值30元，卖31元的实体卡。一个是100元，用电脑充的。这个现象当时说明了什么？

我的感受是，他们被时代给甩在了后面。大家都知道，现在手机里不论是支付宝还是微信，都有支付手机话费的功能，而且更便宜更快。为什么还会有实体的充值卡市场？答案很简单，就是依然存在非智能手机话费的用户,这点是不能忽略的。有人说现在看电视的人越来越少,电视广告和传统的广告渠道是不是可以直接消失呢?答案很肯定,当然不是了。

真正的互联网市场正在下沉到二、三线城市,但是仍有一部分用户还在非互联网市场中徘徊。这部分市场还有做的空间,商家有利可图,想想拼多多的出现是因为什么吧。

接下来就说说来修手机的四组人吧。

第一组,就是我。

当我看到老板的时候,我问有没有屏,他直接回答我有,380直接换。我说人家店都是280,为什么你要380,他说你可以等,也280。我说好吧,修吧。我回答得太痛快了,让他有点措手不及。

他之所以让我等,我后来跟他聊天才知道原因有二:第一,他觉得我不太像在他店里修手机的人,因为他看着我"年轻",觉得我会认为他的店"不靠谱"而选择去大的店,用价格吓跑我;第二,就是他自称修那个屏幕利润特别少,修一个耽误时间还不赚钱。不过像我这样"年轻"的消费市场,他从心里知道赚不到什么钱,消费其他服务和产品的可能性太小。

正在给我换屏的时候,第二组来了!

第二组是一个女人,年纪看着像不到40岁,穿一身黑色,手里拿着一台当时还算不错的苹果4手机。她遇到的问题是,来电提示和微信提示音都没有了。打电话可以正常使用,但是所有的提示音都"哑"了。我坐一旁还搭嘴问,试没试重启,她说都试过了,没戏。老板拿过她的手机看了一会儿,决定打开后盖看一下是不是里面有什么问题。

那个女人随手从大衣兜里掏出了另外一台三星手机,开始边看电视剧边跟老板娘聊天。就当我们都在等结果的时候，第三组人来了，一对上大学的女学生。其中一个手机老充不上电，一直在问是不是手机插口的充电头的问题。老板娘用自家的充电器来帮她测试，结果 5 分钟后，她的手机充上了 10% 的电。那个女孩和旁边的女孩商量了一下，买了个 30 元的充电器。那个女孩试图跟老板要一条便宜的充电线，但结果是买了一条最贵的充电线，没有打折。

正当我的手机还在安装新屏幕，第二个女人的手机还没检测的时候，最后一组修手机的人来了。来的是一对壮年夫妇，岁数跟老板一般大。同样有两个孩子，只是他们都是儿子。她修的是苹果 5，同样是屏幕碎了，跟我的毛病一样，只不过她的屏幕好找，也容易修。这对夫妻来了一直在排队，等啊等啊，答应说 20 分钟搞定，却因为我和第二个女人的手机，让他们足足等了 1 个小时也没赶上。

最后来的女人还是坚持等着修，并且买了一个比较贵的手机壳。经过 1 个小时的等待，我的手机修好了，那个女人的手机声音修好了，在我快走的时候，最后一个苹果 5 的屏幕也快换好了。

修手机时不同的人有不同的心态，我来分享一下我的看法。

第一，我为什么等着修手机，愿意多花 100 元钱？我的答案是："我知道世界上最贵的东西是时间！"

第二，为什么第二个女人有两个手机，还一定要修手机呢？我的答案是："我们的世界已经被手机上的 APP 所控制了，社交的需求对一个人来说，变得太重要了。"

第三，为什么第三组大学生从头到尾就是觉得是手机问题，而不去思考是不是充电器的问题？我的答案是："女人更多的时候对电子产品不精通，而且不敢买便宜的，她们更关注产品的价格和感受。"

第四，为什么最后一对夫妻换了屏还会顺手买个贵的手机壳？我的答案是："好的营销人懂得顾客心理，懂得如何应用关联销售，把利润做到最大化。"

我在短短的两个小时的修手机的过程中，发现每一个行业都有该行业的生存价值。对于充值卡，微信和支付宝可以代替。手机充电的问题，选购新配件可以解决。手机壳的问题，选择网购可以解决。但对于换屏，我们只能选择线下，有手艺人的地方。手艺我们不能代替。

2. 厦门，你到底被谁玩坏了？

（营销需要创意，但是要有度有品位）

我自打结婚到现在，似乎很少有机会，拿出大把的时间去陪家人度假。几年前，我们一家去了趟厦门。厦门对当时的我来说，应该是文艺青年代表的城市，到处是大海，到处是自拍，到处是文艺风的小店，到处有着充满回忆的甜点与明信片。

在游玩的第二天，我就对厦门的"过度营销"感到了厌倦。接下来，我们一起看看在线下店铺遇到的问题。有三家商铺，都开在鼓浪屿的中心地带，但对比这三家商铺的营销和销售现状，却截然不同。

第一家，沈家闽南肠粉，一看"品牌名"和"内容"就知道是福建当地特色。大多数旅游者都会为尝鲜买单，而且这种食物是热食，跟霓虹灯很搭配。尝试成本相对低的产品，无论好不好吃，尝鲜的人还是占购买产品人数比例的六成。

第二家，小马哥起司马铃薯，是中西文化合作的产物，店家学会了"微"改良。同样是热食，与第一家本地品牌产生排队竞争，但卖点互不冲突，总体感觉是典型的南方小吃，甜咸口。想想KFC的老北京鸡肉卷，想想火遍全国的海底捞。

最后一家，是土耳其冰淇淋。他们输在了"表现"形式。

首先，土耳其冰淇淋是冷食，人在排队这种急躁无聊的状态下，应该需要一些刺激消费或者被内容所吸引，但是装修和展示颜色与其他两家热食一样，金黄色没有跳脱出来，不够突出"凉快"的特点。

其次，冰淇淋并非本地特色，很难令旅游者看产生好奇心，虽说天气很热，但是总让旅游者觉得不是必须尝试。同样的道理，是我在杭州西湖看到了马迭尔冰棍，虽然场景是对的，但是旅游者更喜欢本地特色或者改良产品。比如我两天一共买了3次，共5瓶厦门酸奶。

最后一点，我发现土耳其冰淇淋有很多卖点，比如主厨可以借助周杰伦的MV的宣传，来增加Jay的粉丝关注。再比如在卖冰淇淋的时候，外国主厨还会与消费者互动。还比如，他们制作冰淇淋的手法也很炫，很多女生都愿意跟主厨合影。

没有"参与感"的产品输在了营销形式上。冰淇淋最大的卖点不是产品本身的内容，比如"好吃"，而是消费者参与"与主厨的互动"和商家展现的形式"销售演绎的手段"——"好玩"。那我就说说，对改进土耳其冰淇淋营销方案的三点意见。

第一，通过表达视觉提升识别。每家店都有盖章的地方，是不是可以增加盖章送土耳其帅哥合影机会一次，或者做一张Jay的海报或者标语板。

第二，通过明星效应吸引流量。增加周杰伦歌曲的播放，吸引 Jay 的粉丝关注，或者直接在电视上循环播放 Jay 的 MV，提升品牌认知度。有句话说得好，"你是谁，取决于你跟谁在一起。"

第三，通过调整价格解决销售。设置阶段性的买赠活动，比如发朋友圈、发微博、发短视频、发直播、满赠活动等。多一个渠道传播，多一个赠送机会。还有俗套的玩法，比如朋友圈集赞免费吃。

太太说，那次旅游似乎跟她结婚前来厦门的时候不太一样。不知道是不是她没了年轻小姑娘的稚嫩，原来那种看哪里都文艺，喜欢在好多地方合影，喜欢逛各种小店的感觉，都没了。我说，这不赖你，厦门是被玩坏了。

太太又说，厦门的服务态度，似乎也没有几年前好了，是不是因为厦门是个慢城市，外加旅游城市，不缺挣钱的机会，他们没必要那么积极呢？我说，这个不赖他们，厦门还是被玩坏了。

太太接着说，鼓浪屿和厦大，是厦门最有名的景点，逛的时候，除了吃喝和感受历史文化，好像也不知道再体验什么，包括大众点评的推荐，几年过去了，也没有什么新变化。我说，这个不赖任何人，厦门确实是被玩坏了。

太太最后问我，为什么总是说"厦门被玩坏了"，到底是指谁呢？是游客、当地人、开发商，还是旅游景区？我的答案是，不是任何一个具体的人，而是传统营销的思路。

对于一个旅游城市来说，起初的营销一定是靠自身的风景、人文、历史等各方面的优势，简称为用产品的"功能点"去营销游客。旅游城市的产品即服务，服务即内容，通过解决客户和用户的痛点，来完成良好的销售与口碑的积累。比如去看冰展，一定能想到哈尔滨；去避暑，一定能想到承德；吃海鲜喝啤酒，一定能想到大连或者青岛；去游园林，一定能想到苏杭。

　　随着经济的发展，电商平台的崛起，许多旅游城市失去了实物产品的"壁垒"。比如在杭州和厦门都有哈尔滨的马迭尔冰棍，在鼓浪屿到处是"满200包邮"。这种营销思路是好事，让消费者体验种类更多，消费更方便。可随之而来的传统营销思路，让商家没了创意，让旅游者感到审美疲劳。

　　不是每一家小店都要"文艺青年"。早期的文艺青年代表，应该是赵小姐的店。但是我这次来，满大街都是"一封情酥""榴芒事迹""大流芒""芒大大""泰芒了""佟小曼手工茶饼坊""苏小糖""林菽莊伊豆酥""绿皮火车泡芙""张三疯奶茶店"。如果你问我，怎么记下来这么多内容的？我的回答是，请打开"大众点评"。

　　太太质疑的现象，我从营销的维度解读一下。
　　为什么好产品包装都同质化？
　　做包装的不会做推广？
　　推广的没新意又花冤枉钱？

　　一个好的品牌通过"内容"开始，通过"包装"扬名，但一旦被同质化，那就很难再出精品。在我眼里，所有的"市场"在野蛮成长期，都有出现爆款的机会。俗话说"乱世出英雄"，好的产品，首先要在对的时候，遇到对的营销人，卖给对的客户；其次是在售卖成功后，把整个过程进行二次营销，让更多的人去关注、去分享，去寻找更多的品牌粉丝；最后剩下的就是看到收益的疯狂增长了。

　　当所有品牌都在同一个市场上重新起跑时，我建议大家千万别输在传统的"产品营销思路"上。缺钱的牌子永远比抠门的品牌多。市场就那么大，你大力投入，不一定有好的市场回报，但如果不投入，我确定并且负责地说一句，"你赢的概率不高！"做营销是可以抄,但是要看抄谁,抄什么,怎么抄,如果都是你有"芒",我也有"芒",那两个一起"芒"死,消费者最终谁也记不住。

3. 女人追的是剧,品牌挣的是钱

有人说,三个女人一台戏。女人在一起讨论的不仅是男人,她们的话题多到你无法想象。

先科普一个知识点,网络剧是专门为电脑网络传播制作,通过互联网播放的一类连续剧。与电视剧一样,网络剧一般分单元剧和连续剧。网络剧与电视剧的区别主要是播放媒介不同。传统电视剧的播放媒介主要为电视,网络剧的主要播放媒介是电脑、手机等网络设备。所以说还是不要把网络剧和在网络上热播的电视剧混为一谈。比较有名的网络剧,我记得很多。

最近这些年,网剧突然比传统电视剧更火了,我分析了一下,跑不出以下三个因素。

第一,看手机比看电视更方便。

网剧的播放是依靠视频网站为主,而网站又没有明显的地域差异。电视里有以湖南卫视、浙江卫视、江苏卫视、东方卫视为主的娱乐行业主导,视频网站里有优酷、爱奇艺、搜狐、腾讯的自制剧节目。我看过电视上播的内容,什么类型的都有,比如战争的,比如古装的,比如情感的,比如搞笑的,从内容上来说是老少皆宜。从时间段上来看,一般我们上班的时候放的都是给老人孩子看的多,晚上和周末是年轻人喜欢的。看电视剧需要一集集地看,很辛苦。对于追剧的人来说,可以一口气追上10集,只要你有 Wi-Fi,有视频网站的会员,看什么都不是问题了。

第二,看偶像"脸"比看明星剧更主动。

过去看什么明星,电视台说了算,就算是再大的腕,也要一个一个来,因为需要"排队"。可是到了网络平台呢?我觉得吧,大家喜欢看谁,谁就能霸屏。而我会说的霸屏,不一定是所有的电视剧或者网剧,还可以加上好玩的节目。比如我们大张伟大老师,从去年到现在,我看他已经从歌手完美地转型为网络娱乐大咖了。

大张伟老师上过很多很好的综艺节目,很多次我都是偶然看了一个片段,就开始追整个一季,比如《吐槽大会》《明星大侦探》《脑洞大开》。而刘涛的《欢乐颂2》刚播完,她主演的《大军师司马懿之军师联盟》又开始新一轮地引爆全网。我之前对刘涛没什么概念,但身边的人在那段时间都在讨论她演的各种大戏,我也被深深地洗脑了。

第三,看内容比看淘宝更直接。

为什么说网剧容易火,不仅仅是因为呈现的平台、本身的内容和明星,而是从剧里映射出太多的品牌和商业价值。简单地说,有人通过一部剧,认识一个新明星,了解一个偏门的行业,甚至购买一个好玩的产品,更有甚形成一个奇特的社会现象。最真实的案例是,我太太告诉我,她是通过网剧知道的三只松鼠,听到了三国里的张春华,并且潜意识里去传播与消费一些内容和产品。

4. 如何做微商，你才不会给自己"下套"

我接触过社交电商的团队，观察过他们的生活状态，了解他们的微信朋友圈内容。很多人都跟我说，一些水平相对初级的微商团队就是为了卖货而刷朋友圈，"信息轰炸"，导致很多人都屏蔽了他们。他们多年经营的朋友，最终成了最熟悉的陌生人。那到底如何做好社交电商，把产品卖出去，还能留下更多的粉丝，不给自己"下套"呢？好吧，我其实更想说的是，做好社交营销应该了解以下三件事。

第一件事，理解人性。

有人会说，营销心理学是所有做营销的底层逻辑，但做社交电商的人到底又有多少人能了解这个呢？据我所知，做微商社交电商的大多数都是女性，以"宝妈"为主，而且在入行之前，也不一定接触过真正的销售。对于人性这事来说，不论是做电商也好，还是做社交电商也好，我们必须先懂得什么是"需求"。

我试问，"你为什么出门打车用'嘀嘀'，你为什么点外卖用'饿了么'，你为什么买东西用'淘宝'，你为什么看电视剧用'爱奇艺'？"这一切背后的逻辑，都是人。

人会对好看的、有竞争的、能上瘾的感兴趣，产生消费冲动。想想现在火得一塌糊涂的抖音，一直没死的微博，还有让你又爱又恨的微信朋友圈，其实背后吸引你的，都是人性。推荐一本书，《人性的弱点》。

第二件事，抓取流量。

流量是所有互联网公司的命脉，找流量也是做电商最烧钱的工作内容。好的流量，能让你的公司瞬间裂变，分分钟拉到融资，半年内上纳斯达克敲钟。但是往负面去解释呢，流量总是在变，产品却不一定天天在变，受众也可能根本不变。像罗振宇说的，如果真的一大批流量来了，把你的系统或者后台搞崩盘了，你该怎么办？

假设我们是卖面膜的人，要不要天天追最热的流量呢？快手火玩快手，抖音火玩抖音，朋友圈不火了，微博不火了，我们就不玩了吗？我坚信，更多的社交电商的小伙伴们，都并非运营高手，也不会每天都盯着平台数据看。

我建议大家在利用现有流量做内容的同时，也要拓展新流量做入口。比如像我，可以继续在朋友圈里发内容，在订阅号写兴趣分享，在喜马拉雅录音频，在知识星球写行业干货，让你的流量持续，不能死！如果你已经被大家标签为"微商"，拉黑了你的朋友圈，那怎么办呢？来，听听我的第三件事。

第三件事，深耕内容。

做内容的人都看不起玩流量的人，总觉得玩流量的没黏性。玩流量的人总看不起做内容的人，总觉得做内容的太自我。不论是哪种，其实内容是所有营销的载体和展现形式。好的文案能让你流泪，好的视频能让你转发，好的音频能让你顿悟，好的图片能让你下单。

关于好的内容，我一直比较推崇用视觉的文案来展现。我举个小例子吧，我前天看到一张做社交电商的朋友发的图。

> 不努力
> 你来人间干嘛
> 做卧底吗

　　这句话是不是很有意思呢？我觉得超级好。但是如何把段子和自己的品牌联合到一起呢？我的答案很简单，把企业 logo 给放在最下面。这样，发到朋友圈里，所有看到这张图的人，既能看到内容，也能不经意间被品牌营销。

　　总结：理解人性，是做微商的根；抓取流量，是做微商的路；深耕内容，是做微商的魂。
　　社交电商如果能选择走品牌的道路，或许能让产品和团队都很好地存活下来。每一个品牌主可以适当地放下纯粹的"产品思维"，慢慢学会让你的客户爱上你。如果客户真的爱上了你，所有的产品就都会变得不重要了，而客户为你花钱刷卡就变得简单。我的朋友大兵老师说过一句名言："世界上最难的两件事，分别是把别人的钱装进你的口袋和把你的思想装进别人的脑袋。"

四、了解一点案例

1. 营销闭眼把脉，创意真不胡来：
东北的大米，是不是只有五常的好吃？

越是民族的越是中国的，越是中国的越是世界的。知名品牌有时会跟某个地域深深地绑定在一起，比如阳澄湖大闸蟹，海南的椰子，五常的大米。

全中国人都知道东北五常大米好吃，那五常到底在哪儿呢？吉林还是黑龙江？那个地方还产什么别的吗？我查了查，五常是黑龙江哈尔滨市下属的一个县级市。我听过很多人都在代理五常的大米，但是五常本身并没有品牌。

不能说五常没有品牌，客观的解释应该是，太多东北地区的产品都还没正式品牌化。客观地分析，东北三省的互联网营销、电商营销、品牌营销，一直是相对滞后的。不是那里的产品不行，而是没有人帮他们放到大众消费者面前。提到东北，好吃好喝好玩的东西多了，但在许多老百姓的认知里还是以重工业、旅游业为主，科技产品和互联网公司几乎没有。这就解释了，为什么许多的互联网人都扎根在了北上广深杭。

不夸张地说，在过去的这两年里，我已经遇到了三个朋友找我做"五常大米"的"深度合作"。这里面包括有五常本地人出来做的，有东北当地的品牌要做的，还有很多很多在朋友圈里代购做微商的。我一时也分不清，到底谁才是真正的东北五常大米"正统王牌军"。不管是真是假，我都给他们做过一些建议，这里我给大家说说要找我做大米众筹的刘总。

刘总，是一家儿童大米品牌的负责人。他有着曲折的创业经验，我就不在这里帮他诉苦了。但我想告诉你，我通过他的产品，深刻接受了儿童大米市场的沉痛教训。儿童大米市场似乎是我五六年前就探讨的细分市场，我也想过"给你家孩子的第一口米饭"的概念，但是成功率太低。

在做儿童大米市场之前，我们是不是真的把这三个问题想清楚了呢？第一，对于消费者而言，购买大米和做米饭熬粥的是不是同一个人？第二，对于使用者而言，孩子与大人吃米饭的时候，是不是需要分开煮？第三，对于市场而言，真实消费者购买的渠道主要是线上还是线下，或是口碑推荐？

其实这些问题，我们想过很多，也想过解决方案。食品的种种困难，让我们必须考虑从消费者终端倒推价格、市场定位、外包装风格，等等。做食品也好，做品牌也好，没有前期的大量广告预算支撑，想"砸"出一个众所周知的爆款，确实比登天很难。特别是食材类的，又不是马上进嘴的产品，一旦有了再加工的流程，消费者的决策成本就更长了。

孩子的大米到底怎么搞？我询问过身边很多"80后"和"90后"的宝妈，他们给了我很多的小建议。最让我记忆犹新的有三条：第一，产品卡位好年龄段，不要伺候所有的小宝宝；第二，把大米的市场定位成在吃辅食与正餐之间的过渡产品；第三，把价格调整到15元每袋。

我很赞同这三条，产品营销一定要从用户、功能和价格三个维度的定位开始。卡位年龄是我一直倡导的"用户思维"，不是每一个年龄段的妈妈都有做饭的需求，但是一旦有了需求，选择产品就成了必要环节。功能的定位也是基于更多宝妈的带娃经验。孩子的长大有很多种"标志"，比如会爬、会坐、会走、会说话，也包括会吃辅食。那如果能卡到解决孩子"阶段性"吃饭的过渡问题，肯定能成为妈妈的大爱了。至于价格的定位，还是取决于当时的物价和消费者对市场的认知。

我当时作为一个新锐奶爸，结合我当时的想法，也给了刘总三条参考意见。首先，用直播凸显产品品质。宝妈们最喜欢安全和有营养的产品，如何让妈妈们看到大米产品背后的安全和营养呢？刘总在大学是学表演的，长得也帅，我强烈推荐他完全可以通过他的"演技"来征服他的用户。这里的"演技"没有贬义的意思，而是通过直播的载体，让更多宝妈看到大米使用的全过程，比如熬粥或者做辅食等。

其次，用短视频做品牌宣传。刘总确实发挥他表演的天赋，为品牌做了一个短视频，但是套路有点过于陈旧，被我好好数落了一顿。我当时建议他看陈可辛的《三分钟》，让他好好体会一下如何用故事连接人心，把产品表达得更接地气。

最后，用订阅号打造刘总的个人IP。刘总的老婆当时正在怀孕期间，我就让他每天在订阅号写他的奶爸成长日记，记录如何照顾宝妈。我相信这样的宝妈奶爸的成长攻略，比如大人吃什么，孩子喝什么，家里用什么，出门预防什么，待产之前准备什么，等等，都是所有的准父母都需要注意的。

2. 营销闭眼把脉，创意真不胡来：
燕窝是不是刚需？孕妇是不是要买？

杨洋是我在一个分享会上认识的听众，她是创业做孕妇燕窝的。每当我听到所有保健品或者食品的客户跟我讲述产品功能的时候，我的表情一般是很"痛苦"。"痛苦"的第一个原因，他们大多会强调他们的产品都是"包治百病"。

"痛苦"的第二个原因，行业有太多品牌，消费者大多会根据兴趣和圈子选择产品。比如饮料中的可乐，到底有多少人喜欢可口可乐，又多少人喜欢百事可乐？答案肯定不好统计，但是这两家谁也没有把对方完全打倒。再想想麦当劳和肯德基，也同样如此。那消费者到底如何选择品牌，进而成为品牌的粉丝，我觉得这是一个课题。

"痛苦"的第三个原因，做食品创业的人，都很辛苦，相对比较缺钱推广做品牌。我看到很多做食品的老板，都是早出晚归，为自己的产品操碎了心。再加上不能工厂化生产之前，安全、保质、运输等问题都是不能忽视的细节。所以我觉得他们最好找到大的供应链和平台销货，只靠微商和线下的店铺，扩张太难了。

　　说完了"痛苦"，再说说老板给我传递的产品中，我感受到的各种"幸福"。每当他们给我"路演"产品的时候，各个人都带着拯救全人类的冲劲儿，再小的眼睛都会带着光。不过我在分析杨洋总的产品营销的时候，也反问过她，她的客户到底是谁？我知道用户一定是喝燕窝的妈妈，但是客户可能会是丈夫，也可能是姥姥姥爷或爷爷奶奶，还有可能是同事朋友。对我来说，每个身份的卖点和宣传语都不太一样。毕竟送燕窝，背后表达爱的逻辑是不同的。

　　假设客户是孕妇的老公，那我会宣传"爱太太，就选择心安品牌燕窝"；假设客户是孕妇本人，那我会宣传"最适合妈妈吃，宝宝更聪明"；假设客户是孕妇的爸爸妈妈，那我会宣传"关爱女儿，关爱下一代"；假设客户是孕妇的公公婆婆，那我会宣传"妈妈优选，宝宝更健康"。不论我怎么宣传，我都会努力洞察每个客户背后真正关注的人是谁，而选择不同的宣传语来营销。

　　杨洋是创始人，她爱产品就像爱自己的孩子。我给过她一轮的建议：先把现在的粉丝黏性做强做大，把产品使用后的状态分享到朋友圈，同样也可以尝试直播。其次是通过做线下活动，让粉丝成为加盟品牌商，建立城市合伙人机制。最后是做一次食品众筹，在朋友圈做一次带有品牌背书的事件营销。用一句话来总结：让消费者成为品牌的"使者"，"以用代卖"。

3. 营销闭眼把脉，创意真不胡来：
"包"治百病，你到底有没有病？

没有一个女人不喜欢包的，不论是书包、手提包，还是化妆包。几乎每个女人都有很多个。到底什么是她们的最爱呢？我觉得只要是包，她们都会喜欢。

我认识素唯女包品牌的老板，李总。在说素唯之前，我要说一个很有意思的事情。我跟李总是同属相，并且还是同月同日出生的。碰巧的是，我们有着共同的性格和对事情的感悟。李总告诉我，他从年轻到现在，一直是一帆风顺，总是能遇到好时候。

在国内，女包的市场很大，从高中生到退休的老年人，没有一个女人不喜欢买包的。那包包什么风格，什么图案，什么材质，是大众女性消费者追捧的呢？我觉得吧，没有绝对，"流行元素"总是在循环的。而中国风的包包，确实没有一个特别有名的品牌。

在我看来，李总坚持线下的战略特别好。因为许有些品牌的产品更合适线下体验和选购，特别是有品质的产品。我觉得他从线下实体店，到加盟连锁，选址、选品、选客户群，一直很不错。但是电商的风口来了，社交媒体的营销变了，李总的品牌要不要升级和变化呢？

肯定要的，李总其实也教会了我不少玩社群营销的秘诀。在这里我就不一一介绍了，因为这也是他的知识，如果你有兴趣可以去他的店里看看。不过呢，我可以透露一下，他会利用他的品牌粉丝沉淀到微信群，时不时做活动，激活粉丝另外的需求，让粉丝产生黏性。

关于素唯品牌，我没有太多的建议，李总是我的前辈，营销上也有自己的战略高度与战术布局。只不过，我会在营销通路上，给他三点建议。

第一点，直观感觉很重要，对于骨灰级或者专家级的买家来说，用直播的方式可以打消她们的顾虑，会在最短的时间内增加她们的好奇心与购买冲动，从而减少对材料过分的苛刻诉求。意思就是：百闻不如一见，直接展示效果更能打动人心。

第二点，尝试细分市场的重新定位，视觉整体升级，换模特重新塑造素唯的调性。意思就是：可以选择迎合老客户的审美，也可以考虑重新服务年轻的新客户的口味。

最后一点，加盟和连锁不适合做线下铺设，那就变成线上社群的个人代理。意思就是：尝试 KOL 代言以用代卖，重新定义分销制度。

4. 营销闭眼把脉，创意真不胡来：
脏脏包好吃不粘嘴，金包受众到底又是谁？

英子老师，是典型的北京女孩。她被我戏称为"女版大张伟"，而且她的颜值爆表。英子本人可能不是那么出名，但是她过去几年里打造的品牌个个都是"网红"：芝士青年和起司家。

对于每个吃货来说，食物是可以让所有人和物联系一起的媒介。"吃联网"可以改变世界。英子老师的性格很外向，又是真正的"工匠"人。她的每一个作品，都能让你有只融在口，不融在手的感觉。

她的脏脏包的味道确实很赞，她的新产品金包又在这个基础上有了质的飞跃。金包其实用可食的金箔做的。每个食者看到她的金包的时候，都是满眼放光。英子老师很"享受"每个食者吃到她产品时的眼神。确实，她用口味征服了太多的吃货。而我也没有躲开，只不过我爱吃甜品。

金包到底是不是每一个普通消费者经常消费的产品呢？我个人觉得，金包是具有"社交属性"的网红产品，即使口味再好，它的消费频率也不会太高。我不担心吃货的购买力，而是担心单品的消费频次。金包既然是我定义的网红属性的食品，那拓展市场和扩展影响力的能力，肯定是杠杠的。用我自己的话来说，即金包的产品价格定位是"品牌款"。

对于英子老师，我也简单分析了一下。首先，英子老师是一个有创意的手艺人，她可以根据消费者的喜好来改良或者创作新的甜品。比如她曾经就为一位爱喝二锅头的大哥，定制过二锅头口味的"酒心儿糖"。第二点，英子老师可以用过去的品牌背书，去征服更多B端客户和C端消费者，不论是做"英子甜品商"学院也好，还是开培训班都绰绰有余。第三点，英子老师的颜值和背后的故事，足以打动更多的人来关注她，给她和她的品牌点赞。

既然有了以上的三条，我也说说我看到的她的另一面。第一，英子老师喜欢创作，从而减少了管理团队和营销的精力。第二，英子老师很容易创造新品牌，但是如何品牌价值或者她的价值没有持续变现。第三，英子老师的个人品牌与内容目前没有能沉淀的平台。

我不需要给英子老师打任何广告，但是我也要说说对她的营销的看法与建议：第一，坚持做"英子"是可以的，可以把"英子"做成品牌，或者把"英子"做成标准。参考京剧里的各种唱法与派系。比如梅派、裘派。第二，通过打造个人品牌，让自己输出的价值溢价，比如本款甜品由"英子甜品支持"。参考"米其林"餐厅。

第三，英子老师目前有很多社群，需要把社群与销售平台整合，比如做小程序，做"英子"服务号维护。第四，英子老师大胆尝试培训课程与技术输出"知识化"，让更多B端企业和品牌为英子老师成就行业地位。

5. 营销闭眼把脉，创意真不胡来：
越是大牌的，越是小众的

对于很多科技宅男来说，Lexon的名字可能有点陌生。但是Lexon标志性的手提环，会让他们恍然大悟地惊讶道，"哦，原来是它。"

我敢说这是Lexon最有特点的商务礼品公司。Lexon的总部位于法国巴黎，目前全世界有60多个国家有代理商。作为一家成功的设计师商品公司，已经签约了近40家设计师和设计师团队。Lexon的产品深受全世界各大集团公司的喜好，与Lexon一直保持密切合作关系的世界知名公司和机构主要有保时捷、三星、现代、奥迪、美国时代华纳、法国兴业银行等。

Lexon是不是很牛？我觉得再牛的企业，也会有发展瓶颈。那我接下来狠狠地吐槽一番，这个又眼熟又陌生的"大牌"。要不是很多年前跟同事聊天聊到这个品牌，我也许一辈子都不会了解它。因为它的产品在电商上也好，在线下实体店也好，爆款太单一了，就是书包！

有人说，人家有爆款，总比没有爆款强吧！我同意这个观点，但是为什么这么大品牌只有一个爆款呢？想想NIKE系列、乔丹系列、阿甘系列、360系列及其他各种系列。但是为什么这么有设计调性的品牌，只有一个双肩包呢？

我分析了一下，首先呢，Lexon的双肩包确实是性价比最高的。放眼国内的互联网公司，大多数男生都是理工出身，因此特别适合这批穿格子衫的男生购买和使用。Lexon能成为爆款也在情理之中，但是为什么他其他的产品线就没有脱颖而出呢？

首先，我从设计本身考虑了一下。这个年代的互联网男和电商男，大多数没有时间去触碰"时尚"，而他们更愿意花时间去挣钱和打游戏。他们对设计师品牌的产品，不感冒！再加上产品相对高的价格，导致很多直男没有购买的想法，甚至连电商渠道都没有展示太多的产品线。

据我了解，他们的每一款电子产品都很有创意，设计感也很强。包括它的名片夹、电子表、闹钟、音响，等等。理工男没有机会看到Lexon，不是Lexon价格不好，而是好多人不太"识货"。

这种高档的产品，到底是谁的菜呢？我问过他们线下的负责人。我们在观点上争论不一，但是我给出了一些不一样的建议，跟大家分享一下。

首先，Lexon是真正意义上的消费升级类产品。因为它不仅仅质量过硬，而且具有时尚的设计感。其次，我分析Lexon的电子产品价位，不是为了普通消费者选购的，而是让具有相对审美和消费实力的客户买单。但是用户有时不一定都是"办公人士"。第三，我觉得Lexon的产品渠道应该进行变化和战略升级，传统的企业集采和流量电商平台，已经不能满足它的产品定位了，需要调整。

基于以上的内容，我建议，Lexon应当尝试走高端学生市场。消费受众应该是小学生和幼儿园孩子的家长，使用者是需要学习和写作基础的孩子。大家想象一下身边的新一代的父母,特别是"85后"的妈妈们,她们给自己孩子买的产品,开始往IP化、品牌化和成人化发展。比如运动品牌、快时尚品牌、潮牌品牌的童装;再比如儿童高端培训教育和娱乐,越来越IP化和时尚化。他们不太喜欢让孩子看《灰太狼和喜羊羊》,更不喜欢看《熊出没》。我坚信,Lexon肯定是妈妈们在学习用品的品牌里,既好看又好玩的选择,没有之一。

说了那么多的创意,接下来给大家看看我在订阅号里,写过的一些我自己原创和改编的"金句",希望能有助于你转变思维,同时提升发朋友圈的档次。

1. 爱较真粉身碎骨,放手爱万物复苏。
2. 总是失去后才懂得珍惜,后悔让我们渐渐没了脾气。
3. 给自己留一片净土,种一颗永不老的童心。
4. 顺境者昌,逆境者壮。
5. 世界上不缺乏美的事物,而缺乏发现美的慧眼。
6. 在做个称职的父亲之前,先做个称职的丈夫吧。
7. 品牌,就是摆在哪里都有销量。
8. 世界是你们的,也是我们的,但最终还是后来人的!
9. 愿生活更健康,愿幸福更长久。
10. 点燃自己,照亮别人!
11. 不是每一个大叔,都有好听的故事。
12. 没有怪兽,奥特曼也是怪物!
13. 留住女人的美貌,赢得女人的芳心。

我很在行 / 一本看得懂的营销创意手册

14. 顺境中你别飘，逆境中你别倒。

15. 不要忽略你不该忽略的，而总是在意你可以不在意的。

16. 给手机放个假，陪父母过个年。

17. 场景即销售，主播要人心。

18. 婚姻就像手上捧着的沙子，抓得越紧失去得越多！

19. 让需求营造场景，让流量承载营销。

20. 人这一辈子，就是在洗和被洗的路上艰难地走着！

21. 文艺青年的世界，你无法想象。

22. 走累了回头，心累了放手。

23. 控制自己的情绪，缓解更多的压力！

24. 我这辈子，最大的财富是朋友。

25. 销售是条不平凡之路。

26. 不将就，要讲究。

27. 不要玩说没就没的爱情，要整一次靠谱一点的旅行。

28. 用思想去感受世界，用语言去打动别人。

29. 没有长不大的子女，只有渐渐老去的爸妈。

30. 过去喜欢一个人，现在喜欢一个人。

31. 人生如戏，别太在意。

32. 一代人的崛起，就意味着另一代人的终结！

33. 用创意去做内容，江湖必定有你一席之地！

34. 心若平静，海纳百川。

35. 爱它就是美味，不爱它就是扎嘴。

36. 回不到的都是过去，记忆里的都是泪滴。

37. 有没有那么一首歌，让你有点舍不得。

38. 结婚不是爱情的结束，"剩"只是一时迷途。

39. 鸡蛋从外打破是食物，从内打破是生命。

40. 跟时间赛跑，我们输得多赢得少！

41. 世界不完美，才是完美。

42. 不怕抄袭和举报，就怕好的内容你看不着！

43. 写与不写，就在一念之间。

44. 有人在装正经，而我在装不正经。

45. 输出不一定都是好的，取之精华！

46. 别让知识荒废了你的财富。

47. 不是我们不明白，而是世界变化快！

48. 个人品牌，早晚都要做！

49. 让好的信息，流向对的方向。

第二部分

在行

我是一碗毒鸡汤,在行谁喝谁受伤

时间拉回到 2015 年的夏天,我通过朋友推荐,接触了在行。在行是果壳旗下推出的知识付费,主打一对一线下咨询服务的 APP。在行起初在国内的一些城市开启,我也有幸成为最早的一批入驻平台的行家。后来通过平台的逐步升级,增加了线上和团课的模式,让我有了很多与学员接触的机会。

我不得不说,我骨子里那股"爱教育别人"的细胞,顿时被这个 APP 引爆了,我同时也深深地爱上了在行。我通过在行,结交了新朋友,也增加了获客机会,使得我在在行上打造出一个"众筹小王子"的称号。我在 APP 上,似乎中了某种"魔咒",凡是在在行约过我的,有将近四成左右的人,最终都离开了原来的公司,所以让我感觉自己变成了一碗"毒鸡汤"。

"啊，时光如水，生命如歌。"我在在行上接了100多单，不能说每一单我都记忆犹新，但在过去的1000多天里，我帮助了超过150位学员。他们来咨询我的问题都很有意思，但内容也跑不出以下的三个方向：第一是关于电商的基础知识了解；第二是关于产品众筹的刚需的答疑解惑；第三是关于创业者对品牌营销的思路拓展。

我在在行上，也历经了三个阶段，帮助过不同阶段的学员解决了不同难度的问题。关于电商的基础知识，我确实大部分都是从电商服务的那几年里，从店铺运营的同事那里偷学来的。不过也仅仅只是皮毛，但这些皮毛的知识，让我懂得电商思维，是可以改变用户的选择与消费者的使用习惯的。

我在在行上每个月最多的话题都是关于众筹的，这使得我在众筹这个话题上，曾一度保持过9的高分，让我冲进了"互联网+"的内容排行榜前三。做营销的人最想了解的创意思路，是我最喜欢交流的话题，同样也是我写这本书的初衷所在，这些内容对企业品牌方的负责人最有好处，可以帮助他们改变营销思路，也可以改变他们对互联网的看法。

通过在行的第一阶段，"从喝咖啡聊天开始"的对话，我总结了一套自己的"12345"理论，我把我的这个理论，应用到了后来的各种营销策划方案上，录成了视频课程。说到在行，我不得不跟大家说说，我在在行上的各种"第一次"的感受。

比如第一次"下单"。我现在还记得第一单的学员，她是做卵子冷冻项目的，是不是听起来就很酷。她问我的话题就是关于众筹，我当时的经验没那么丰富，可是我抱着试试的心态，就给学员分析了市场和操作众筹的可能性。

我还记得那天我们约见在一个餐厅，边吃饭边聊。只可惜，那天我一直在说，没有好好享受美餐，但对面的学员还是很认真地记下我说的话。我已经不记得当时沟通的具体内容了，但这次沟通的过程相对愉快。虽然最终我没有推荐她去做众筹，但我凭借经验给了她诚恳的意见，应该给她省了不少额外的推广费用。

我在在行上，遇到过很多要转行的学员，或者想了解电商的从业人员，甚至包括一些大咖。我的表达总是能给大家一些新的思路，甚至有些在行的行家也来约见我，让我感到十分激动。在电商行业，我了解的是最新的玩法，比如社群、短视频、众筹、直播，也对各个环节有着基础知识的掌握，比如设计、策划、运营、报活动、搞促销。

再比如，第一次聊"要跑"的单。电商这个领域覆盖了全国，幸好在行开启了语音线上沟通方式，解决了"距离产生美"的问题。最有意思的是，曾经有个要转行做轮胎批发的学员，由于我们彼此时间总是对不上，就延误了线上的沟通。当我有空跟她交流的时候，发现学员已经决定移民加拿大了。她其实也很不好意思，觉得这次谈话可能要"取消"，但是聪明伶俐的我，没有让这"单"跑掉，并且给她解决了移民后的新问题。

我是怎么做到的呢？是因为我深知电商的精髓，叫作"用户思维"。我根据她现有的情况，为她解决了一个非常有意思的问题，"如何在加拿大挣钱？"我给出的思路来自海外代购逆向思维，让她转变视角，通过自身的能力解决挣钱问题。具体的做法是什么呢？

首先我的分析是，她作为过去做过电商的人，肯定懂得如何销售产品，如何表达产品，甚至熟练掌握在微信上与每个消费者聊天的技巧。那么，为什么不能把原本要把国外产品代购的东西，变成从国内带出口呢？同样的沟通对象，同样的购买渠道，为什么就不能很好地二次应用，把国内的好产品带到国外去呢？老干妈在国外的市场，是相当火爆的。我给她的建议是，原本可以挣国内人的钱，现在要转变成挣在国外的中国人的钱。最终她给我的评论相当诚恳，也让我十分意外。

再比如，第一次"转化"的单。在行本身是一个流量，我自己的朋友圈也成为我推荐在行最好的渠道。在我们这种电商服务行业，大部分的客户对我们的能力都表示中立或者"怀疑"的态度。在服务商没有很好的口碑和案例之前，电商的客户对每一次花钱都很谨慎。这也是电商老板的一个最大的特点，花钱要"听响儿"。电商培训已经是成熟的行业，全国有很多平台，官方的，区域上的，以及传统培训机构的，但是像在行这种的，其实在我们这个领域比较难做。

所有的服务公司在服务的时候，都会有提案的阶段，而提案就是免费地付出你的创意、思路、渠道整合，以及物料准备，所以作为服务商的我们经常被"骗稿"。而我在在行的出现，让电商行业的"骗稿"的成本降低了。作为学员的老板，他们会先付给我"咨询"费，然后得到他们想要的经验和实操建议，甚至有意思的创意思路。

一、关于电商的基础知识了解

1. 羊毛出在猪身上，让狗买单

你或许听过一个互联网的营销理论，叫"羊毛出在猪身上，让狗买单"。在在行，我就遇到了这么一个有意思的项目，约见的学员就全方位地给我上了一课。

这个学员是我最开始约见的几个之一。我印象很深的是，她是一个很有想法的女学员，她姓汪。汪同学约我的时候，我还在北京的柳芳地铁站附近办公。记得那次见面，是在一个安静的咖啡馆里。我在没见到她之前，了解了一下她的产品，叫作点餐机。

大多数消费者对点餐机并不陌生，它主要出现在快餐厅和一些餐饮连锁店里。这种设备比较常见，也不是什么特别黑科技的产品，应用广泛，特别是我喜欢的麦当劳早就应用了。但我看到她之后，一下子刷新了我当时的认知。我还清晰地记着我问她的一连串的问题，"您好，我查了您的产品，在网络上的销售比较小众，这个算是ToB企业（目标用户企业）的设备，这个您也要做营销吗？目前的竞争对手是哪家公司呢？"

汪同学是一个性格很直接的女老板，她首先告诉我，他们企业经营的六字宗旨"科技服务金融"。我第一次听到这个词的时候，有一点懵。前两个词还比较好理解，但在当时互联网金融没有特别发达的时候，我对"金融"这两个字就有点陌生了。

说实话，我上大学的时候学的就是金融专业，可是我很难把一个点餐机和金融很好地联系到一起。或许是卖出去的钱可以称作金融，或者每一次交易就是金融行为。汪同学看到我有些迟疑，就很耐心地给我讲述她公司的产品和盈利模式。

她先跟我说，我在网络上查出的那些经营点餐机的硬件设备企业，其实都不是她眼中的竞争对手。我听过之后也在想，到底是汪同学实力强得不把他们放在眼里，还是因为她的营销思路不一样，在考虑别的市场？

我带着疑问继续听汪同学的介绍。汪同学的产品核心的第一个词叫作"科技"。科技很好理解了，通过一个终端设备，提高餐厅中消费者点菜的效率。当时的设备其实还没有完全投入服务，随着时间的推移，汪同学的设备才陆陆续续出现在了肯德基、一品三笑、和合谷、庆丰包子铺、伏牛堂、绿盒子、东方饺子王等知名连锁餐饮企业。

她是怎么做到的呢？难道是因为产品本身的科技含量吗？我觉得并不是，而是产品后面的两个东西，载体和数据。先说说载体吧，当我还认为她是一家做智能硬件公司的时候,我发现我错了。汪同学的载体是通过设备终端解决两个人的问题。一个是餐厅的人员成本的问题,一个是用餐时间的问题。而这后面的整个逻辑不是这个载体,而是大量的销售数据和用户数据。

她嘴中提到的第三个词是"金融"。当汪同学再一次提到"金融"这个词的时候,我隐隐约约想到了"羊毛出在猪身上让狗买单"的段子。她的商业模式其实就是解释这个意思:汪同学公司真正意义上的商业模式是免费投放给商家,盈利点是上屏广告、手续费分润、提供数据服务,最终成为一个提供金融服务与数据服务的公司。

如果还没有看懂她背后的逻辑,我可以用一个国内知名的公司来做解释。那家公司才是汪同学真正意义上的竞争对手——分众传媒。我猜测,很多不做营销的人都没听过奥美和蓝标,同样也不会关注分众传媒。你可能没听过分众,但你一定看到过楼宇电梯广告。

汪同学的逻辑表述成大白话就是三步走:第一,吃饭的人用机器点餐;第二,通过点餐机产生消费数据;第三,通过数据,汪同学将屏幕上的广告卖给做广告的,挣的钱是广告收入与数据服务费,而广告收入的对手就是分众传媒。

如果你问我广告怎么卖,数据怎么服务,那我就来给你解释一下。首先,通常企业在互联网的广告合作,网站是靠自身的PV(浏览量)和UV(访问数)的数量,来跟广告主要钱的。计价方式可以是CPM(千人成本)、CPC(每次点击费用)、CPA(每次行动成本)、CPS(以实际销售数量换算广告刊登金额),或者CPP(每次购买成本)。分众传媒和汪同学的盈利模式,也是根据展现量来收取广告主的费用的。

同样的道理,在数据服务上来说,就是通过大数据判断,把这个区域的消费水平计算出来，可以布局商业规划，比如什么样的健身房，什么档次的度假村，什么品牌的旗舰店，乃至评估当地房价的增长可能性。

当我听懂汪同学真正想要的东西时，突然觉得自己的创意好像有点"缺货"。因为当时的我，还真的不知道如何帮她把这个生态做起来，但是在那次约见后，我确实深刻地理解了这种商业模式的逻辑。或许这就是在行 APP 的魅力吧，约见的人同样也可以给被约见的人"上课"和拓展思维。

2. 功能性的 APP 能赚到钱吗？

讲了很多第一次的经历，接下来的一个约见故事，是"如何让功能性的 APP 赚到钱"。

2014 年的时候，我服务过国内最厉害的社交 APP 软件之一——陌陌。

陌陌的成功在于早期社交用户的沉淀和后期电商平台的完美搭建，从而获得流量变现。陌陌的礼物商城，应该是我之前看到过的最有意思的案例。平台上面的早期产品，都是我们当时服务的公司所提供的，移动电源、耳机、手机壳、充电线，等等。而这些产品，也是我们根据陌陌早期的数据反馈，进而推荐的商品。可怕的是，我们把产品上线了 1 个月，线上销售的成绩差得"惨不忍睹"。

为什么在这么好的流量面前，我们的科技小家电都挂掉了呢？是产品选得不好，包装得不好，还是推广得不好？我个人认为是价格和受众都不好。

对于价格，我们的策略是跟淘宝的低价产品打差异化，但是过高的单价，消费者并没有买单。难道是白领的消费水平不够吗？我的答案是，不对，而是我们早期判断消费者的受众不好。

如果你在2014年了解陌陌，你会不经意间把它定义为某种功能的APP，但其实它中后期的受众是大学生市场，原因就是我无意中听到陌陌的安卓和IOS的用户比例的数据。

随着我们对受众的重新定位，我们当时给陌陌选择了一套新的产品组合线，结果在1个月后，很多产品就卖断了货，这使得陌陌立马决定搭建它自身的陌陌礼物商城系统。礼物商城是2015年1月推出的新功能，好友之间可以送花、美妆或者香水等实体礼物。

我们也开始为陌陌尝试新奇好玩的精品市场，寻找鲜花、家居、美妆、数码配件、首饰等五个突破口，满足用户社交场景中的各种需求。陌陌的上市不仅仅是因为它的礼物商城的成功搭建，而且还通过它的自身流量，开始向当时的自营电商、O2O业务、自营游戏、广告收益、在线秀场等各种业务板块发力，最终获得了投资人的青睐并成功转型。

讲完了我对陌陌的了解，接下来说说我在在行上遇到的另外一个功能性的APP，叫作"车来了"，这更多是二线城市用户喜欢的一个出行软件。"车来了"是一个解决出行人在搭乘公交时的信息与资讯问题的APP。根据我对APP的理解，我分别以需求、设备、场景、流量四大块说说有什么值得我们去思考的。

需求，人坐车的需求，就是出行。可以选择打车也可以选择地铁。"车来了"主要是为了公交车查询而研发的。对于这个APP的第一需求的主导是人。

人是不是还有买票、充值的二次需求呢？在第一个需求下，除了候车和选择路线，用户还有什么需求呢？别着急，慢慢往下看。

设备，更多是手机。不过设备的话题还可以延展出更多的内容，比如，设备本身的需求，比如充电、Wi-Fi网络等。

接下来就要分析设备所背后的"人"，即需求的属性。

据我了解，"车来了"的总部在武汉，是已经被融资的公司，在北京和杭州都设有分公司。当时覆盖了以北京、深圳、杭州、天津等城市为首的全国30多个城市，日活超过300万用户。我没想到一个这么简单的功能，却如此刚需。

对于场景，我个人理解可分为：候车场景、上车场景、下车场景。候车场景，又分为在家候车与站台等车及换乘三部分。

候车场景，与导航和打车的APP有很多相似之处，这是使用时间比重最大的一部分。因为用户需要搜索、查询、应用等多个实操动作，界面展示的最大和最好时机也就是这个黄金时间。补充一下，"车来了"有微信服务号，可以补充使用。

在这些场景使用的时候，用户普遍会不间断地切换其他APP。比如打开大众点评搜索美食，打开微信沟通约见地点，打开音乐准备路上听歌，等等。

上车场景，用户产生第二次需求的环境，也是这个APP未来最大的价值与商机。对于下车场景增加用户黏性，人下车之后还有什么需求？

"车来了"的流量到底怎么玩，是给电商导购平台倒流，还是自建商场？流量的变现，主要根据用户的属性来确定。但是对于这样的工具APP，最大的挑战是用户使用的单一性和打开率，以及打开后的持久问题。首先是功能单一，我不是搭公交一族，所以对这个软件比较陌生；我是地铁一族的上班用户，所以对于这么强功能垂直的 APP 没有感觉。在我记忆里,对方应该是"车来了"的市场部负责人。我们当时聊了一轮,感觉我们有过服务陌陌的经验,就给他梳理做流量变现应该注意的问题。

功能相对单一的情况下,我们没有什么更多的想法,但是我们从相应的配套产品着手,想到了两个好玩的用品,反向伞和潮款雨鞋。

先说说反向伞,这是我当时策划负责人王瑜的想法。他在深圳生活过,知道公交车确实比地铁更方便,他身边有很多人用过"车来了"。广东又是一个多雨的地区,气候的变化直接影响到人们出行工具的选择。下雨天等公交车,会有两个比较尴尬的场景。一个是站在站台等车,需要打伞或者在车站避雨;另一个是在我们上车的时候,会把伞收起来,但是雨水会沿着伞的外形,流到其他乘客的鞋或衣服上。

那如何解决这个雨伞的烦恼呢?老王就想到了反向伞,反向伞的打开方式真的很人性化。如果我们能再加上"车来了"APP 的 logo,这款产品是不是就能成为爆款呢?想想墨迹天气卖空气果,KEEP 卖跑步机,罗辑思维卖书的逻辑。

除了反向伞,我们当时还想到了潮款雨鞋。雨鞋的设计其实会根据潮流的改变而改变,但是我们最初的想法,就是利用年轻人追求潮流的心,来做品牌宣传,或者做联名款。只可惜,当时我们想了几个办法去解决打开率和使用时长的问题,但最终没有被对接人接受,也许当时"车来了"真的不着急商业变现,我们的想法只是个想法。包括如何通过类似微信打飞机(微信 APP 经典游戏大战)的游戏增加用户的打开时长;如何通过线上报告天气的活动增加用户社交媒体的分享与传播;如何通过类似陌陌礼物商城的模式创建

"交通出行场景"的购物平台。

现在想想，我们当时的想法不是不落地，只是时机未到，或者是我们的努力不够吧。但我们每一次提案和思考的过程，我希望把内容分享给大家，让更多人有解决问题的思考路径。总结一句话，不是免费的APP不赚钱，而是用户黏性不足之前难以满足流量变现。

3. 挑战卫龙与三只松鼠，小零食还有机会吗？

我不是吃货，每天吃饭都特别没有规律。在行约见的学员，我大部分都安排在了下班后和周末，不过也出现过比我还敬业的学员，等我到天黑，讨论2个小时不吃饭。那个学员姓高，当时做的项目是卤味小吃，应该算是我当时理解的行业里的"大哥"了，但还是很虚心地听我的建议和指导。

高总在在行上的介绍是这么写的："从事餐饮运营管理将近20年，面对现在整体大环境三高一低的现状及去年餐饮O2O的快速发展，用餐饮的逆向思维做了一个休闲卤味零食项目，可以不受空间、时间、区域的限制销售自己的产品，其实仔细想来做的就是快速消费品的项目。"

高老板之前没有任何快速消费品的销售经验，没有互联网的从业经历，更没有电商运营的管理经验。产品在前期的测阶段得到了顾客极大的认可，有很多朋友和消费者都想做产品的代理，现在已经发展了10多名代理。他也想采取小黑裙的三级分销模式建立自己的销售渠道，尽快打开产品销路；同时做自己的直销渠道，通过电商平台推广自己的产品。

当我看到这一连串的问题，我并不觉得他是营销上的小白，或许只是没有足够多的信息和信心支持这个项目而已。于是，我很痛快地就把他约到公司，打算好好聊聊他的项目。在我的记忆里，那天我没吃晚饭，下了班就在公司的小会议室里给他讲电商思维。

高老板用惯有的产品思维给我讲述他和他的产品。"卤吖的"是一个休闲卤味零食的项目，产品特色为无任何防腐剂、添加剂、色素，甚至连生抽、老抽、酱油、白糖都不放，口味可以秒杀市场上很多卤味品牌。目标消费群体主要为"85后""90后"的年轻白领及在校大学生。销售渠道目前主要在朋友圈。他当时已经和国内某知名快餐品的食品加工厂谈好了代工。

回想几年前微商刚火，确实带动了代购的市场，不论是服装、食品，还是化妆品。但是如果在"熟人经济"里玩食品，肯定打不开三度人脉。微商营销背后的逻辑，如果不是以产品自身的质量为前提的话，那信任背书就直接影响销售转化率的高低了。

解释一下三度人脉。三度人脉是六度人脉关系理论在社交媒体上演变来的。六度人脉是指地球上所有的人，都可以通过六层以内的熟人链和任何其他人联系起来。直白来讲就是："你和任何一个陌生人之间所间隔的人不会超过六个。"而早期微商行业卖得好的，都是从身边人开始"下手"的，所以已经从六度优化到三度。打个比喻，如果我想卖一本书给我同事的同学，那是不是要先把这本书的利益点给我同事说清楚呢？No！我要让我的同事信任我，觉得我有价值，我的书肯定也会不错。

如果你说我在套路我的同事，那我可以换一个词来形容，叫作"自我营销"。我会把我的价值放大，对他的利益点放大。比如，这本书包含了我5年的互联网营销所有的优质套路，接下来对他而言，他是我的营销部同事，需要拿更多的单子，需要拿我的套路话术当谈资做培训，或者还可以跟别人说我们公司有个很厉害的金老师。

如果我能做好第一步的信任问题，那他帮我推荐他的同学来买我的书就简单多了。我跟我同事的同学一旦有了第一层的信任"保障"，那转化成买书就变得顺理成章。假设他的同学正好是同行，或者甲方公司的市场负责人，刚好要了解电商，要学习线上的营销"套路"，很有可能会多买一本。

我记得当时跟高老板确实分析了每个消费者的不同口味，拓展渠道局限的问题，生产标准化的问题，包括分销机制的问题。我记忆犹新的是我开始使用产品定位思维和用户画像法，帮高总解决了没正式上市之前，到底谁是他目标客户的问题。

卤味食品的使用场景到底是饭桌、办公室，还是床边，针对不同消费者的广告语都会不同。对于"卤吖的"当时的产品线，我已经记不清当时的对话，但是现在个人觉得还是女性消费者为主，或者是以学生市场为推广对象。因此我们发现，谁是第一层的消费者就变得尤为重要了。

我是一个不怎么吃卤味小吃的人，但是我确实尝过它的产品，的确不错。高总的线下经营思路清晰得让我觉得我才是个学生，最终他的产品在几个月后上线了，而且卖得非常好。我只是帮他校对了一下客群受众，他的成功多半是因为他的勤奋和那颗充满激情的创业之心。

4. 大健康产品中的新锐宠儿，场景营销下的体脂秤

如果说"时间"是可以衡量价值的唯一标尺，那"健康"就是这个标尺里重要的参数。大健康，是这几年最热的话题，我也做过很多关于医疗产品的众筹，了解到我们现在的生活对这类产品的依赖和品牌的重要性。

女人都很重视自己的身材，减肥话题是成年人世界里，女人与女人之间最热的三个话题之一，其他的两个应该是感情和化妆品。女人对健康的理解和投入的花费肯定各不相同，俗话说"人在吃，秤在看"，年轻的女人可以把健康放在吃上，上了些年纪的女人可以把健康放在生活品质上，而年纪更大的女人可能会把健康关注到老人、孩子，以及自己的身体上。消费升级的概念，也随着大健康快速地让消费者理解到，健康要比挣钱更重要，因而如何检测自己是否健康就变得更重要了。

健康的检测方式，最简单的是体检。如何让自己变得健康成了大家追问的问题，哪种运动最有效还不损伤身体呢？是在健身房做无氧运动、户外跑步，还是静静地练瑜伽与打坐呢？我是个运动爱好者，但现在的我不是一个怎么运动的人。身边运动的人越来越多，包括我的太太，所以不经意间我接触到了一个有意思的产品——体脂秤。

体脂秤是什么？我上网了解了下。人体脂肪秤是除了体重外还可以测量脂肪、水分等指标的称重计。人体脂肪秤的工作原理是肌肉内含有较多血液等水分，可以导电，而脂肪是不导电的。因为体内电流的通道导体是肌肉，从电流通过的难易度可以知道肌肉的重量，由此可判断在体重中的比例。

曾经在在行上的一个学员咨询我如何把体脂秤卖好。那个学员

姓付，他负责的产品在京东和天猫平台卖得很好，已经是行业里名列前茅的产品。当时小米的体脂秤还没有进入市场，所以他们也想继续保持行业地位，考虑有没有更好的办法提升排名。

我很认真地问过付同学几个问题，消费者买体脂秤会把秤放在什么位置，是卧室、厨房、厕所，还是阳台呢？我记得他当时回答我说，主要都是放在卧室和床头柜旁边。

我利用还原消费者使用场景的习惯，给他指出三个我认为更恰当的摆放布局。那什么是"还原消费者使用场景"？好吧，假设我现在问你："当你听到爆米花，你会想到什么场景呢？"我测试过，将近7成以上的人回答我是"电影院"。消费者喜欢也习惯在电影院边看电影边捧着爆米花吃。那接下来的问题是"什么样的场景会引导客户消费和使用产品呢？"

在讲体脂秤之前，我还是给大家说一个这两年特别火的现象——"抓娃娃"。我在很多年前，觉得抓娃娃是一个特别难的游戏。特别是我们在游戏厅里，无数次的投币，无数次的挪动，无数次的拍钮，大多数换来的只是你无数次的失落。随着电脑游戏、手机游戏的兴起，我们渐渐远离了游戏厅，抓娃娃机在我们的生活中消失了，停留在儿时的记忆里。

有人告诉我，抓娃娃成了继共享出行、大健康医疗、人工智能、无人超市后，又一个场景营销的"新风口"。我从2017年底到2018年初，持续体验了各个地方的抓娃娃机。而这个新风口呢，更像共享KTV的友唱或者鲜榨橙汁机。它把原本一个非刚需的产品，在一些特殊的消费场景中，让你变得有消费冲动。

我回想了一下，过去"抓娃娃"机出现的场景只可能是在游戏厅中。而现在抓娃娃机出现在什么地方了呢？我看到的答案是：商场超市、酒店前台、电影院、餐厅门口、KTV 和运动场所。为什么这些地方会安装这个设备呢？我觉得抓娃娃机成功回归到大众消费者面前，一定是因为以下三个原因。

第一，支付场景更方便。大多数都加载在微信订阅号上，利用小程序或者服务号本身来操作。消费的最大的门槛就是支付，如果抓娃娃机还使用传统的专属游戏币，那入手率和参与度就会大打折扣。微信支付已经是消费者最熟悉的支付方式之一。打开扫一扫，二维码关注、充值、选择机器开玩，简单方便。要是没有"基础设施"的辅助，抓娃娃的基础也不会如此好。

第二，游戏场景难度下降。有人说抓娃娃靠的是运气，所以必须要有运气才能成功。而且设备本身，也会影响成功率。我发现有些设备的抓钩很松，只能靠一些技巧来碰运气。有人告诉我，这个设备其实可以人工调节钩子的松紧度，越松成功率越低。关于抓娃娃，我上网查了一下，有的说得有道理，有的说得也很套路。我总结一下，"试玩看松紧，抓头不抓身，抓近不抓远，下落再按钮。"

第三，社交场景传播更大。抓娃娃机参与度很高，但成就感很差。对比过去与现在，它过去的对手是跳舞机、赛车游戏、老虎机、对打游戏、投篮球等，所以刺激度不够，娱乐体验感也不足；而现在抓娃娃机的消费场景里，对手已经不再是游戏，而是共享 KTV、自动售卖机等。随着游戏难度下降，游戏者更容易抓到，不论是男人还是女人，都愿意主动晒到朋友圈，唤起更多人参与的欲望，使得你在各种"等待中"变得有意思。

我们再算个账，过去抓一个娃娃，可能花几十元或上百元什么抓不到。而现在呢，我平均一次消费在四五十元左右，但最少能抓到 2—3 个。我并不觉得是我的技术增加了，或者说是我比原来更幸运了，而是我更愿意主动为这个场景消费，满足了个人欲望问题。

我为什么会为这个"场景"消费买单？因为我活在"焦虑"中，需要一种方式来释放压力。抓娃娃有一种赌博的心理，让大家兴奋也充满期待。但不论抓娃娃的结果是什么，我其实特别想问问，大家抓上来的娃娃们到底都放哪了呢？

关于娃娃的去处，我分析过"什么样的娃娃会被我们选"这个问题的逻辑，应该是从我们在抓的时候谈起。根据每个人偏好，我把娃娃大体分为三种：IP款、可爱款和感觉好抓的款。

什么是IP款呢？比如小黄人、机器猫、忍者神龟、蜡笔小新、HelloKitty等。IP款是具有我们个人喜好的标签，通过标签，也能大体判断出玩家的年龄。那什么是可爱款呢？大体是小动物为主，非IP化形象，比如小狗、小猫、小兔、小熊、小青蛙、小乌龟等，但大部分都没有"审美"可言。最后一种是消费者感觉好抓的款，一般是脑袋比身子大，或者离挡板相对近的，它们只是比别的相对好抓而已。

按照我的看法，你一旦抓上来IP款，有可能放在卧室或者办公区域，并且会发照片在朋友圈炫耀，而炫耀后，你可能会把它好好收藏。可爱款，有时我们是被动选择的。比如，你心爱的人选的萌萌哒粉猪啊，你被激将选的长长的沙皮啊。总之它可能只是一时的礼物而已，命运是被遗忘在家里的某个角落，或者当作哄邻居孩子的小玩意儿。最后一种感觉好抓的，您也别在乎什么所谓的样子了，我估计抓回来的娃娃就只有当"家居"垃圾了。

我们回过头来想想，你花了那么多钱，抓的时候满脑子里充满了"刺激""快乐""运气"，可最终的结果呢？它们却都变成了"无所谓"的"俗气玩具"，你是不是很失落？它们是不是也很失落？！抓娃娃确实是解决消费者在"消费排队"场景中的无聊，获得成就感。

讲完抓娃娃的问题，我通过消费者心理与场景布局的分析，来具体解读一下体脂秤用户的使用习惯。我的第一个位置建议是厕所门口。由于产品不防水，所以不太能放在厕所里面。但是我为什么选厕所门口呢，因为我是一个每天早晨肯定会去排便的人。在洗漱后，我们都会照镜子，看自己的样子，顺便可以去测量一下身体的情况。

第二个位置确实是床头柜，人在起床和睡觉前，都会很放松，对自己的身体更会关注，可以"睡前称"，也可以"睡醒称"。人在每天的午夜会进行身体排毒，所以睡觉前不要喝太多的水，要注意休息时段的把控。

第三个位置是门口鞋柜附近，可以"出门称"，也可以"回家称"。可以是你健身后回来，或是准备约会前，我们要把消费者想象的底层需求弄明白。为消费者搭建了场景，产品才会有持续的生命力，你的产品是否也在努力地还原消费者的使用场景呢？

5. 保护好你的肺，比保护好你的胃更重要

恐吓营销是一种比较流行的方式，但是又有多少消费者因为"恐吓"而买单呢？最近这几年，北京的冬天一直被雾霾所笼罩，消费者为了更好地生活，空气净化器成为大多数北方市场上一个"入冬必备"的产品。

我曾经在香港的机场，看到过这么一则广告语："给家人金钱买不到的东西，是你自己。"Give your family one thing money cannot buy.You.

有人告诉我，优秀、能获奖的广告，都是因为创意和走心。但是真正为销售负责的广告，大多都是无聊、重复和低俗的。比如"今年过节不收礼……"

我不是一个纯粹的广告人，但是我对品牌的认知还是有着自己独特的见解。这一点，我很佩服我的导师苏然，北京妙创意科技有限公司的创始人，也是我的姐夫。他教会我很多的品牌知识，也让我深深体会到广告的魅力。只不过我跟他共事的那些年，有太多的品牌方没有闹明白什么是品牌，为什么做广告。

吴羿萱是我师父苏然的一个朋友，她的出现，让我第一次理解什么是勤奋型的"90后"女老板。羿萱是北京中医药大学毕业的高材生，她的魄力与冲劲儿，让我十分崇拜。

她是一个典型的"90后"妹子，中医学背景，家族的中医事业继承人，目前有一家中医医院及诊所。在大三时她就和姐姐一起引进美国AirTamer爱塔梅尔随身型空气净化器。她自己得了过敏性鼻炎，却没想到自从佩戴上这个产品，再也未犯过鼻炎。周围的朋友们也都有了很好的改善，前几年，北京的雾霾给这个产品一个商机。她经过半年的调查和研究，成功找到天使投资，募集到1000万资金，很快成为中华地区的总代理。

这样的高端个护产品，很快就成为目前唯一进驻全球航空公司飞机上免税品的空气净化器。全国共计500多家店铺及药房连锁有销售。她最开始对商业完全属于小白模式，因为不懂，她就把自己想象成大海绵，不断地学习，反思自己的每一次失误与成功，让销售和营销如何不要变成一次性的。据她跟我说，她是个倔强又好强的孩子，她在大学学了五年的医学不能丢，中医里看病和看人就是辩证思维，顺应自然，把握天时、地利、人和这几个主要因素，这和商业不是一回事。

吴同学照着这个思维去考虑营销卖点，针对雾霾，为客户提供了全方位的解决方案，随时随地佩戴净化器，便可享受新鲜空气。好的产品 AirTamer 爱塔梅尔随身型空气净化器就是最佳选择。《易经》中持中守正，做事讲究分寸。销售一定不是一次性的消费，如何保持持续性并裂变下去，需要长期的真心维护。

吴同学碰到过很多鼻炎、哮喘，还有白血病的客户，这个产品无法治愈某种疾病，但是有效地隔绝了二手烟、过敏源和细菌病毒对客户的伤害。不断地去深入了解客户反馈，他们的体验感受，他们的建议，更重要的还有不断反思和回顾自己的每一次抉择和客户谈判，别因为盈利忘记自己为什么出发。

她一直相信一位她很尊敬的台湾老师和她讲过的话："羿萱如果你想要成功，一定要做好三个角色（传教士、慈善家、商人），这三个身份永远不要忘。在推行产品的时候，你自己先要足够的了解，像传教士一样地分享精神。接下来要有慈善家的胸怀，多做善事，帮助别人其实就是帮助自己。其实这也是一个企业精神。那如何做好慈善家呢？就是懂得化缘，也就是做好商业模式。"

最对的事永远更重要，其实她慢慢在公司运营中发现，公司管理也是需要有"上医医未病之病，中医医欲病之病，下医医已病之病"的思维，将疾病（公司团队）分为"未病""欲病""已病"三个层次。团队的管理是同样的道理，等到出现问题的时候再去解决问题，有时候说不定会是癌症晚期了。不要因为善小而不为，更不因恶小而为之。生活和工作都在点滴之间。

她的一句经典的话是，"抓住产品，抓住服务，抓住机会，守好初心，当心怀感恩时，成功定不会远。"

羿萱有烦恼，便通过在行跟我进行了一次一对一的深度咨询。在我跟她的沟通中，发现她有两个问题。

第一，代理国外品牌，要不要在国内大肆宣传。这样有助于国内的销售与渠道打通，但是这也是很多代理公司在代理时最大的顾虑。一旦品牌方的认知在国内打开了，单方面取消了国内的总代资格，是不是就像是给别人家养孩子，让他人坐收渔翁之利。

第二，作为最优秀的国际品牌的总代，或多或少都有过这样的想法，能不能自己做个新品牌主，或者用现有的供应链、渠道商，推广自己的品牌。在赚钱的驱动力不变的前提下，给别人打工永远不会有给自己打工的安全感。可是很多的总代不太知道品牌主到底花了多少广告费，投入了多少人力物力，只看到了最终的销售业绩，没有真正体会到品牌建设的"酸甜苦辣"。

那如何应对以上的两个问题呢？我当时也没有很好的答案，不过我给了她很多学习的方法和获取客户的渠道。比如做电商平台的销售，比如深度和高度客户群的营销，等等。不论怎么说，她用着她的方法，继续在这个领域里做她该做的事情，我从心里支持她，挺她。

2016年一整年，我做了将近200个众筹项目，也通过在行的学员交流，验证了我的一个营销理论——"12345法则"。我的学员都说我，颜值不错，风趣幽默，内容干货，但是大家都抱怨，信息量太大了，导致每个学员都要消化很久。我为了让大家能更好地吃透我的"段子"，就坚持写我的订阅号"不一样的金满铮"，现已更名为：营销奶爸金满铮。

二、关于产品众筹的刚需的答疑解惑

1. 量体裁衣，让审美理解"直男癌"

这里我分享一个真实的故事。那是在 2015 年 11 月份，我刚刚过完生日的第三天。我在在行上约到了"601"。"601"是学员的网名，他想做一个很有个性的定制化的服务众筹。他的内容是给所有的男人做一款 3D 扫描的衬衫，很黑科技，很有品位。当时我们分析最大的痛点就是男人选衣服的盲区，会选休闲款，但是正装如何挑选，如何搭配，如何量体裁衣，如何服务又有个性化，还能让众筹平台的宅男喜欢？

这些问题，我们通过将近 2 个小时的交流，基本上找到了营销思路，也找到产品宣传的卖点。而最让我兴奋的是，601 最终选择我来帮他全程服务这个众筹项目。这种认可不仅仅是在行给到我的荣誉感，也是 601 对我业务的认可。我们的团队最后出了全套的众筹方案，通过文案、照片、页面、执行，平台上的用户对项目十分喜欢，产生了很好的口碑。

我们讨论男人的服装搭配问题，其实要解决的是直男癌审美问题与消费者和使用者错位的问题，以及消费价值观的三个大问题。"直男癌"审美问题是什么？剖析直男癌，就要先解释一下什么是"直男癌"。这个词来源于网络，但用于营销上的人群画像定位。直男的审美问题是目前普遍存在的一个基础问题，因为审美是个性化问题，也很难用标准来判断消费者的喜好。

个性化的问题，就需要用标准化的方法来圈定消费者的喜欢范围。拿手机行业来说，肯定有人喜欢苹果的高大上，有人喜欢小米的性价比，还有为了潮流喜欢 vivo 和 OPPO，华为的国产新秀。此外，也有人会喜欢小众品牌，如锤子和美图等。

对于审美，我建议用那句"你是谁取决于你跟谁在一起"。消费者肯定会在选一款产品的同时，喜欢别的品类的其他内容，那就用同理心，来找到不同品类的共同点，进行加工进行营销。比如，你是喜欢携程、百度、华为的出差商务男，那我们就在你喜欢的流量投放广告。

第二个问题，消费者和使用者的错位问题。在购买某些产品时，付费者和使用者是两个人，他们有着完全不同的爱好和产品偏好。那我们就要研究我们营销的内容是否需要考虑两条主线，比如买衬衫，到底是男人自己买，还是女人给男人买。品牌、价格、产品参数、购买场景都会有种种差异。

对于 3D 扫描衬衫项目来说，我分析的结果是，都是男人给自己买，应该更多的场景是在浏览页面或者手机打开京东时看到的，所以他们更需要自己对产品了解，与价格和使用复杂度来判断。太贵不太会买，太麻烦不太会买，样式不对估计也不会买。

消费价值观，我一般都会按照年龄来判断。大多数的线上消费者可以以 35 岁作为分界点。35 岁以前的消费者更看重的是一件产品贵不贵，而 35 岁后的消费者更在乎买一件产品值不值。年龄仅仅是一个考虑维度，而消费能通过价值观的分层，营销至少可以减少文案和图片的表达成本。

如何解决错位问题呢？就是要把客户锁定为一个人，既是购买者又是使用者，让所有信息和营销话术直逼消费者最痛的点。最后，我借用一位专门做形象管理的鳗铃老师的三条男士衬衫选择的建议，来做一个收尾。

男士必备的两款白衬衫。

双袖口纯白衬衫："双袖口"又叫"法兰西袖口"，需要搭配袖口的衬衫。下摆略长，可以轻松放进裤子里。重要场合的首选，搭配正式西装。普通纯白衬衫：单袖口，两粒扣，长度适中，不显邋遢。搭配休闲西装，日常穿搭很方便。

格子衬衫的选择。

浅色衬衫选 2cm x 2cm 以内的格子，显得干净大方；

深色衬衫选 3cm x 3cm 以内的格子，更容易穿出精致感。

合体衬衫的选择。

领子：系完纽扣，脖子和领子之间刚好放进两根手指。

肩膀：衬衫肩线的最高点要和手臂与肩膀的交接点吻合。

袖子：双臂自然垂下，系好纽扣。袖长在手腕到虎口之间一半的位置。

2. "绿色毒品"的市场到底有多少前景？

只要你想做互联网产品，都会选择打造爆款。提到爆款，我说说我在在行上遇到的另外一个老板，做渔具的高飞。

高飞从事渔具的生意好多年了，他应该和我是同龄人，也是传统行业的坚守者。我们在他店边上的餐厅见面，聊了很多关于垂钓行业里的事。我发现，垂钓真的是被大家公认为"绿色毒品"。什么是"绿色毒品"？是让你上瘾但是很健康的运动或内容。在我脑子里，钓鱼都是上了岁数的大爷大叔爱的运动。约上几个老兄弟，花一下午或者一整天，边聊边打发他们空闲时间的活动。

越是小众市场的，越有专业产品，消费者购买的挑剔程度也越高，买家甚至比卖家还专业，专业起来给你讲产品更可怕。类似的领域还有动漫、相机、文玩、茶叶、极限运动，等等。

这篇渔具故事，我没有太多的分析内容和数据，但是这个小众行业的发展态势，倒让我想到了一个有意思的观点，供大家思考。传统企业是不是都被互联网冲击得快垮掉了呢？每个产品的内容都从规模化变成信息化，透明化，最终是碎片化。企业的利润越来越难做，什么产品都可以百度一下，淘宝一下，谁也蒙不了谁，信息不对等的情况会逐渐减少甚至消失。我的观点是，做传统企业的可以改变商业模式：养圈子—做产品—卖服务。

什么是养圈子？圈子可以理解为社群，也可以理解为对某种产品有喜好而凑在一起的人。大家可以为名利，也可以为兴趣。圈子是所有产品营销后都可以沉淀的东西，只是你要告诉你圈子里的人，你拿什么东西去"连接"他们，去养他们，他们就会义无反顾地跟着你"玩"。这个"连接器"，可以是产品、品牌、信息、服务，更可以是真金白银。

如何做好产品？我不是产品人，但我在刚进入社会的时候，就来到了一家传统企业，做单面威尔顿机织羊毛地毯的出口销售。你是不是觉得，"单面威尔顿机织羊毛地毯"是一个很生僻的表述呢？答对了，这个词太专业了。如果你不是做纺织品的，不接触地毯行业，你肯定不知道我在说什么。这种地毯，主要在两个领域里出现。第一是在国内所有的航空公司的飞机上"铺着"，第二是在美国各种豪华酒店及高级别墅里"躺着"。一句话解释，"这种地毯可以很贵，很奢华，同样也可以很便宜，很耐磨。"

我做了不到五年的"地毯人"，对产品真的是再熟悉不过了，混过车间，搭过大型机床设备，剪过毛线球，推过集装箱。遥想当年，不论谁拿过来一块航空公司的地毯小样，我就能立马说出是哪国的种羊，羊毛从国内哪里产的，哪家纺织厂出的，甚至什么机器型号织的。

做产品，有时候需要一个开放的心态，要跟消费者交流，而不是自己埋头苦干、钻研技术，那些伪刚需，其实伤害了太多技术研发人员，熬白了头，有的甚至丢了饭碗。做产品要有"用户思维"，但不是所有的需求都得一味满足他们。

想到很多年前的笑话，乔布斯在研发苹果手机的时候，为了能让手机更轻更薄，就让研发人员在现有的机身上继续消减厚度，使得消费在用手触碰的时候，感受更舒服的体验。可结果呢，研发人员做到了，给苹果手机厚度减少了1毫米。可万万没想到手机到了我们中国之后，人们在前面贴了膜，后面放了壳，手机厚度又厚了3毫米以上。

做产品难，做手机产品难上加难，做比苹果还好的手机产品那就是难的 N 次方。其实小米在这方面已经很优秀了，因为我能深深地感觉到他们开始关注我所提及的最后一个环节，"卖服务"。

我一直很关注小米品牌。我不是小米产品的粉丝，但是我很欣赏雷军和他的小米品牌的营销策略。当大多数实体商业不景气的时候，小米却逆转风口，开始进攻线下实体店，并且实体店的客流量，有时不亚于苹果店。我在很多地方看到小米线下实体店的情况，年轻人很多，家长带孩子的多，外国人也多。

服务，对小米来说越来越重要。说到服务，我跟高飞老板聊过一次微信，大概的思路是说，当你卖的是产品，不是服务，那你的盈利只是差价。当你卖的是服务，不是价值观，那你的流量会持续下滑。所以更重要的一件事是，学会改变自己的商业模式。

服务是承载与呈现商业模式最好的表达，那传统企业该怎么改变呢？我来给大家讲讲我听到的一个餐厅的故事。

曾经有一家餐厅，老板姓唐，是个厨师，每天都自己骑着板车，起早贪黑到菜市场买菜，然后回到餐厅再做成各种菜品开始卖。他周而复始地挣辛苦钱，依靠菜料与菜品的差价为生。

后来有一个姓许的朋友，给他出了个主意，让他把菜都做成套餐，减少顾客选择菜品的种类，就卖三种套餐，然后提供给周边写字楼里更多的白领，解决他们吃午饭的问题。这样一来，从大众化变成了标准化，也就是成了规模化，让更多的目标客户了解，并且产生相对稳定的收入。

又过了一段时间，老许又跟唐老板说，既然菜品味道不错，也吸引很多人来店里吃，那不如让他在餐厅里增加一些有品位的小众酒水和饮品试试。没想到他朋友推荐的这些饮品，白领们都很喜欢喝，餐厅的利润又增加了。

没过多久，唐老板请老许来店里喝酒，继续给他出主意帮忙。这次老许直接说："继续涨价，把餐厅变成自助餐餐厅。"慢慢地，餐厅变成了当地一家小有名气的网红餐厅，有了不错的品牌效应，唐老板开始从平民套餐做到了高客单价的自助餐。

自助餐厅升级后的第三周，老许告诉唐老板，可以给他介绍当地一家汽车4S店的负责人，他们愿意在餐厅的每周三和每周五办汽车主题活动，餐饮酒水费用都包了，只要白领们来吃饭，都免费。4S店负责人的要求只有一个，吃饭的人必须要看完他们的汽车广告片和参加易拉宝展架上的活动。结果唐老板同意了，开始利用餐厅客人的流量赚场地费，还帮4S店卖了10辆车，他的收益继续增加。

半年后，老许又找来一个做风投的朋友，跟唐老板商量每周一晚上餐厅定期做路演，给白领们一个创业和融资的机会。如果创业者路演获得了投资人的资金投资，创业者要拿出资金的0.05%，以佣金的形式转到唐老板的个人账户。

唐老板这次答应了吗？他到底会不会赚到更多钱呢？我猜大家肯定有自己的答案了。唐老板这个故事，不知道你是怎么理解的，如果他当时只是想着低买高卖，每天努力想着如何把饭做好吃，那他还能有后面这么多的收益吗？我猜他如果当时拒绝了朋友，没有想过改变商业模式，那他这辈子只能是个做饭的。

最后我总结一下唐老板这家餐厅商业模式的几次变革：第一次，从产品盈利到规模盈利；第二次，从规模盈利到附加盈利；第三次，从附加盈利到成本盈利；第四次，从成本盈利到流量盈利；第五次，从流量盈利到广告盈利；第六次，从广告盈利到服务盈利。

3. 给你的太太买份"美丽"的保险

自从我做了爸爸，慢慢开始理解做父母的不容易。我们这代"80后"，大部分还没有玩够，就成了别人的父母。每一代教育孩子的方法都会有差异，而我们这代会更明显。我们获取知识的途径和内容，要比我们的祖父辈多得多。

当所有人都在说现在的孩子比我们那一代聪明太多的时候，我总是默想，是不是因为他们吃的都是"洋货"呢？澳洲的奶粉、日本的拌饭料，等等。而选择"洋货"背后的逻辑是什么呢？肯定是"80后"的价值观与购买产品的消费习惯所决定的。

我曾经在抖音上看到了这么一段话："80后"是经历最复杂的一代人，也是交学费的一代人。不管是小学、中学，还是大学的学费，甚至急速变化的社会大学的学费。"80后"与工作分配，住房分配基本绝缘，所有的机会都得自己争取，所有的改革都要自己先试一试。"80后"赶上了计划生育，同样也是第一批没有兄弟姐妹的一代，必须要背着贷款，牵着孩子，扛着父母，是无法真正体会到诗意和远方的一代。"80后"是童年美好，青年紧张，中年疲倦，老年也许只剩下网络陪伴，去感受孤独。"这一代人的青春似乎结束得早了点，想感受真正的幸福的代价大了点。"

每当我想起这些话，都会感慨万千，总觉得自己要是不努力，是不是幸福就会离我更遥远了？也许就是这种动力与机会，母婴行业的产品从2012年之后，在"80后"的消费分区比例，开始慢慢成为主角。我也在2013年，开始挤进抢购育婴产品的大军里。原因不说了，因为在2014年，我有了儿子晴天。

讲到给孩子购买产品，爸爸和妈妈的消费习惯和购买品类，以及关注点会有十分明显的差异。首先的一个话题是，选进口还是选国产？大多数的一线消费者，会考虑买进口产品。在他们的下意识里进口产品相对安全，质量好于国内的一般产品，家长的口碑也很不错，以至于大家在使用的时候会感觉到有面子。

突然间，有很多产品成为"80后"这一代爸妈眼里的爆款。大王和花王尿不湿，日本虎牌水壶，Nike的毛毛虫的运动鞋，而这些产品的广告真的是来自网络或者电视吗？我的答案是，都是来自妈妈的闺蜜口中，或者别人家谁谁的妈妈嘴里。爆款不一定是最贵的，但是一定是家长眼里的"明星"。

说来也巧，我在在行上，约过几个做母婴行业的学员，有一个产品我记忆犹新。学员姓杨，他的公司做的是吸奶器和孕妇精油，而这些母婴产品的卖点提炼也让我有了一次特别"烧脑"的思考。

说到吸奶器，我敢断定，不是所有人都明白它的作用是什么，它长什么样。像这种"阶段性"的母婴产品，对我们这些做爸爸的来说，也算是一个新鲜玩意。最有意思的是，在约见之前，我还特意在我的社群里问了三位妈妈，好好请教了一番。

我虽说见过吸奶器，但必定不如妈妈级用户有"使用"心得。首先从定义上来说，吸奶器是指是用于挤出积聚在乳腺里的母乳的工具。一般在婴儿无法直接吮吸母乳或是母亲的乳头发生问题时使用。但是吸奶器对大多数妈妈来说，是把富裕母乳提前积攒，以方便储存使用的设备。吸奶器有电动型、手动型。手动型又分按压式、简易橡皮球吸方式和针筒式。电动型分可刺激奶阵和不可刺激奶阵，还分单泵和双泵。

在这么多种类型的产品里，到底哪种是妈妈们最喜欢和容易接受的呢？在我调研的三个妈妈用户里，有两个妈妈喜欢手动型的，她们觉得更舒服更好用。而选择电动型的妈妈，性格相对急躁，平时工作压力也比较大，所以时间和效率是她首先考虑的因素。

产品不分好坏，只是每个人的使用习惯影响了她们购买的款式与价格区间。我问这三位妈妈用户，买吸奶器时有什么顾虑和疑惑，她们的答案真是五花八门。

第一个妈妈说，她希望购买的吸奶器可以配上冰袋。原因是她上班的时候经常不能很好地储存母乳，会产生变质的问题。第二个妈妈说，她希望购买的时候送提包。原因是她是一对双胞胎的妈妈，所以她经常要多准备，在携带时就不方便，如果能有个提包当配件会更好。第三个妈妈说，她希望购买的吸奶器有清理套装。原因是清理奶瓶和吸奶器是一个特别麻烦的工序，她期盼有一个产品能帮她解决所有的清理问题。

每个妈妈都有自己对产品的期望，我后来也问过单边的好用还是双边的好用，她们的反馈也不相同。所以说，对消费者来说，没有不好的产品经理，只有不会卖的销售。吸奶器在国内，已经是很平常的产品了，我不想过多表达了，倒想说说另外一个产品——精油。

在国内一提到精油，肯定能想到卡位做得最好的品牌——阿芙精油。苏然对我说过，阿芙精油几乎是消费者对精油的全部认知，很少有人知道老人精油、儿童精油、男人精油、孕妇精油的品牌都是些什么。

既然说到了孕妇精油，那它的卖点到底是什么呢？我们通过分析，想到了一个很不错的客户诉求，那就是女性的妊娠纹。如果你没有孩子，可能不太理解妊娠纹是什么，妊娠纹对用户又会带来怎样的痛苦。

我当时给精油的营销定位是,把妈妈的肌肤"美丽"保存起来,给太太的肚子上一个"保险"。大多数的妈妈生完孩子,肚子上都会有妊娠纹,但是如果能坚持使用精油,就可以修复这些生理纹路。即使丈夫买了,太太没有妊娠纹的"烦恼",也可以在平时的生活中使用。

产品的营销,有时只是给消费者一个对某件事的预期。这个"需求"可能发生也可能不发生,想想保险,就是买了消费者的一个"不确定"的"确定"。不确定是不知道什么时候会发生,而确定的是每个人都会有各种各样的问题。你的产品有没有给消费者设计一个"预期"呢?

4. 熊猫都创业了,你怎么看?

我操盘的众筹项目过百万已经是一个很平常的事了,但是能破一千万的好成绩,在我这里确实是屈指可数。在行自从开了"一对多"的小班培训后,我也开始尝试给企业做小型的约见课程。这样的约见,我可以针对性地把经验和知识,一次性地教授给企业相对应的人员,达到事半功倍的效果。

好多时候的约见,我只能给企业老板讲营销,但是回归到执行层的时候,还是有点发憷,或者根本不能把我的知识体系很好地应用在业务上。而对于团队学习,杨总算是开启了我的在行约见的"先河"。

杨总是我的一位在行的前辈推荐的学员,她的产品不仅仅是大家的生活必备品,也是我接触过最有艺术感,最环保的一个。

杨总的总公司在四川，那里有我们最可爱的国宝——熊猫。她的产品就跟国宝熊猫有关。到底是什么呢？我卖个关子，先听听我们约见的故事，可能要比项目还有意思。

杨总的祖籍是四川，她是典型的川妹子，外向直接。她有一个很大的工厂，是专门为国内很多原浆纸品牌提供货品的，通常俗称OEM代工厂。OEM（Original Entrusted Manufacture）的意思是"原始设备制造商"，是定牌生产合作，俗称"代工"。OEM产品是为品牌厂商量身制作的，生产后也只能使用该品牌名称，绝对不能冠上生产者自己的名称再进行生产。

随着消费升级的概念越来越深入消费者的认知，或许更多像杨总这样的企业家，都希望用自己的工厂做一个属于自己的品牌。他们的原材料很好，设备先进，还是四川当地的大型生产企业。她有个心愿和想法，希望能跟我交流，看看能否把这个事情变为现实。

我先说说她的心愿。她希望她老家的国宝熊猫，能让更多人喜欢，并且让熊猫不仅仅只是观赏动物，还能把熊猫的"内容"最大化地体现出来。她发现了熊猫的一个生活习惯，它们吃的竹子大多数是不能消化的，但是竹子本身又是很好的纤维组织。如果每天喂养熊猫的竹子用不完，有没有好的办法进行废物利用呢？

她联想到自己的产品，原浆纸，于是就想把大熊猫吃不完的竹子，进行回收再加工，做成熊猫竹纤维的原浆纸。她的希望给自己的工厂做一个属于本地的品牌，名字就定为熊猫纸。

杨总告诉我，她的熊猫纸的品种包含箭竹、四季竹、凤尾竹等上等竹子。竹浆制作液选用了黄金配比法则，85%的三岁成竹与15%的熊猫吃的嫩竹。这样的工业设计，是她跟技术人员沟通很久的结果。这样的纸会比别的纸更柔软。

好的产品，一定要配好的文案。可是好的文案有时候确实可遇不可求。我当时在考虑熊猫纸的时候，想了很多版本，但始终没有打动杨总。熊猫纸选择在京东众筹平台尝试预售，就在上线的前两天，我们还在头脑风暴，讨论什么样的广告语才能吸引消费者关注。

有人说用熊猫的黑白色做主图配上一句四川话，还有人说可以写熊猫品质和国宝级服务，还有一个不靠谱的答案就是熊猫"创业"了。但是在我们最后的讨论下，最终还是决定启用我的那句"ta来自熊猫"。

这里的 ta，可以是纸，可以品牌，也可以是一种理念。杨总的产品在一个月内，利用病毒视频的玩法，引来更多熊猫爱好者和创意者的共鸣，最终把熊猫纸打造成了一个网红产品，入驻了京东商城。

5. 车载安全伞，瞬间变爆款

场景营销的定义我已经强调过很多次，我在在行上曾经约见过一个学员，她设计了一款产品，看似简单，但对用户来说在使用场景下十分实用。还记得我们当时是在西四旁边的一家咖啡厅见的面，她从书包里拿出一把雨伞，给我讲述他们的新设计。

提到雨伞，我能想到小时候姥姥经常说的一句话："闲来置，忙来用。"好多时候，有些产品是我们提前购买好的，不一定是当时用当时买。那如何给消费者一个提前购买的理由呢？

雨伞到底是平时用，是遮阳光，还是出门当"拐棍儿"使呢？意义完全不同。有人说，送伞有一个不好的含义，因为伞的谐音是"散"。我跟项目方的负责人王丽萍聊了上众筹的思路，把伞从遮雨遮阳的工具,变成了汽车上的"好助手",定义为车载安全伞。

这把伞,王总把它比喻成一只雄鹰。在页面一开头,就把鹰的想象表达得淋漓极致。鹰是鸟中之王,鹰的展翅飞翔,寓意给家人遮风挡雨。而鹰的眼睛十分犀利,可以用敏锐的目光为前面的道路进行规划,分清方向。鹰的嘴是它最锋利的武器,可以保护自己的幼崽,也可以攻击敌人。

先看看伞的外观和功能吧。整体看来跟大多数的雨伞区别不大,但是最大的功能点是伞把手的两个独特设计。首先是应急破窗,伞把手像锐利的"鹰嘴",再厚的车窗,鹰嘴一秒击破,帮司机和乘客快速从车内逃离。除了鹰嘴的破窗设计,它还可以旋转照明,"鹰嘴"秒变"鹰眼",手柄尾端的 LED 强光照明可以为我们安全走夜路助一臂之力。

这些卖点都是很好的提炼。我说说我们当初最早的想法。由于京东平台以男性消费者为主,太过花哨或者设计感太强的女性产品都不适合。我给王总的建议是,选择一个相对保险的配色,再加上场景搭配的营销,可以让项目立刻脱颖而出。

我们之所以选择车载这个消费场景,是因为王总发现每个有车的人,大都会准备一把雨伞放在后备厢。随着汽车内装饰和配件的热卖,这把伞有了很大的发力空间。很多司机经常忘了车上还备着伞,多数原因是雨伞的用途过于单一,或者设计感差了点。

王总的设计,既能让男人在开车的时候使用,又满足了很多女性用伞的基础需求。比如破窗、照明、大伞面、反光条,这些都是基于消费者真实的使用状态所设计的。产品没多久就完成了批量生产,很快登陆了京东众筹平台。在价格和外观的优势下,一下子成为众筹平台上的小爆款。

不是每个产品都有成为爆款的机会，但是一定有它背后的逻辑。我的判断是，女性司机随着车辆销售量的增加，也会同步稳定地提升。她们不论在应急情况下，还是常规行驶中，都需要"安全感"。而"安全感"有时不太能通过感受来表达，但这把"鹰伞"却做出了很好的诠释。女人的橱柜里有很多的高跟鞋，为什么车上不能多一把不一样的伞呢？

6. 吐槽也没什么不好，智能垃圾桶另有一"套"

科技改变生活，科技也可以让我们变得更懒。这两年我听到最多的是AI。AI翻译成中文叫作人工智能。如果有一天人工智能真的来了，人类是开心还是焦虑呢？

我有个新浪前同事，去年跳槽到全国第一人工智能公司的某大讯飞。我问她为啥选AI行业？她说从媒体平台到旅游平台，又到电商平台，每个平台里最好的公司都混过了，如果不去最前沿的公司上班，不能证明自己在互联网待过。我问她，AI公司怎么样？她说一开始入职，内心是各种好奇与期待，潜台词是"唉？不错呦！"但后来一进来上去班，各种无奈，潜台词变成了"哎！"

她说得或许太过于主观，我们在此也不要深究。你觉得AI离我们的生活很远吗？是不是那些看似很有科技感的机器人才是人工智能？我想问，你听说过阿里的"千人千面"吗？你知道你每天的订的外卖，都需要通过人工智能来规划路线吗？或许你都不知道，但说到人工智能，我们不得不从人开始说起。

对结了婚的人来说，到底谁应该做家务？好多时候，没有标准答案。特别是因为做家务所导致的分歧，就更分不清谁对谁错。我曾经听过这么一句话，"结婚前的男女都喜欢说对方想听的话，结了婚的夫妻更喜欢说自己想说的话。"

假如有一个品牌能很好地解决家务，我觉得它肯定会解决很多家庭大战的问题。我在在行上，就遇到过一个特别爱做家务的男人，江湖人称吐槽王"小黄帽"。他是一个年轻的创业者，资深的漫威迷。"小黄帽"是一个典型的产品经理的命，他有一双喜欢观察生活的眼睛和超强的拼装玩具的双手。他为了解决生活中一个很小的家务，研发了一台智能垃圾桶。

他的灵感，来源于他每天在倒垃圾时产生的烦恼。"小黄帽"向我吐槽说，由于他上班早，每天早上起床就早，收拾家里的卫生成了他的第一个任务，他最头疼的任务就是倒垃圾。

屋里的垃圾多的时候，说不定会有一些汤汤水水，弄脏手不是什么大事，关键是要蹲下去低头打开垃圾桶，完成装袋、换袋、套袋。"小黄帽"身材不算太苗条，每次换完垃圾袋，他都会大喘气。他向我吐槽完之后，我想起我曾经有一次因为低头换垃圾袋时间过长，抬头有点晕。

"小黄帽"还告诉我说，在国内的大多数家庭，做家务的都是老人居多，而腰腿有病的老人占6成以上。他为了老人不需要每天低头换垃圾袋，就买了市场上很多的垃圾桶，开始研究。

研发的阶段很辛苦，我就不表扬他的毅力了，我只是想告诉大家我们在在行沟通的一些思路。他问我打爆款如何选渠道，我的答案很直接，做众筹。他又问我平台应该选哪家？我的答案有三个，京东、小米、网易严选。我帮他分析了这三个平台的优缺点。

京东众筹最大的优势是国内第一众筹平台，智能产品贴切平台的调性，很容易帮他打造成爆款。小米众筹是用户黏性最强的平台，购买力惊人。网易的平台调性是消费升级的代表，干净简约大牌的OEM。

我们提到了消费升级，"小黄帽"很希望他的产品就是针对消费升级市场量身定做的。我问了他这个智能垃圾桶的三个核心问题，第一是价格，第二是卖点，第三是受众。

这三个问题，其实是所有老板在做营销之前必须先决策好的。"小黄帽"是一个产品思维的老板，他对这三个问题根本没有深度思考过。我跟他说，卖点提炼有时需要很久，但是准确的产品定位有时会有助于卖点的展现。在一轮激烈的讨论后，我和"小黄帽"终于决定把产品放在京东众筹做发售。而这次的定位，我给出的标签是"新锐生活美学"。

"小黄帽"的智能垃圾桶，我找到了三个不一样的"卖点"。第一，一次套袋，一周免更换，消费者不用经常换袋。第二，极简外观所体现的设计师风，满足消费者对"消费升级"的购买心理需求。第三，"易提拉"式的操作，提升消费者在使用过程中便捷的体验。

我对自己的评价是，很专业，不职业，但始终敬业。我现在的每一次沟通，都要求学员进行语音录音。我发现自己从开始1个小时的谈话，到2个小时的培训，到现在的3个小时的企业内训，已经做到了"听、讲、训、做"这四步。其实在行的精髓是知识变现，但是如果还能给学员出一些合理化的建议和可实操的内容，那就是锦上添花了。我通过在行认知了很多新行业、新朋友、新内容、新知识体系。我的收获不仅仅是150多个学员的信任和一定的收入，还有我对自己职业规划的重新梳理与业务调整。

三、关于创业者对品牌营销的思路拓展

1. 她做网红直播，赚到第一桶金

　　直播是我一直看好的领域。曾经有人对我说，直播可以改变很多行业，让更多的行业变得有价值。到底什么行业会被这种传播手段所影响呢？我可以举个例子说说。

　　直播将使房屋中介行业打破空间和时间的限制。在国内一线城市工作的人，大多都能体会到租房子的痛苦。平时没时间看房子，看的房子不一定是自己满意的，满意的不一定是自己承担得起的，好不容易找到一个自己承担得起又相对满意的，发现自己一刹那的犹豫，或者因为在公司上班，就被其他人抢先签约了。那直播是否可以帮你解决这个空间和时间的问题呢？

房屋中介利用一部手机，就可以把房子的内部环境，外部的小区环境，全部展现给你，让你有一种身临其境的感觉。但是你要注意，如果对方真的是用直播的形式，他同时也给更多的租户看到了这个房源，换句话说，你选房的竞争同时变得更激烈。

直播将给手工产品提升"价值感"，让你的手工变得更"工艺"。我身边有自己会做蛋糕的，也有会做牛皮钱包的，还有会做西服的。不论做什么手工制品，只要你想突出的是工匠精神而不是批量化的机器生产，都可以通过直播，全程把你的工艺流程展现给别人看，并且获得大家的信任和增加新的销售机会。

直播将给外海代购增加信用背书，让消费场景与你的感觉零距离。好多人都在做海淘，但是又怕你卖给别人的产品不被大家所相信，哪怕你有发票和运货单。每个消费者不是怕买贵了，而怕买的是假货。贵了，说明有价值，假货，那就是侮辱消费者的智商。

直播将给娱乐、电商、社交、游戏、动漫等多个产业增加流量导入。有些APP自从有了直播功能，已经完全转型，比如大家都了解的陌陌。陌陌其实已经从原有的移动社交软件，变成了娱乐类综艺直播平台。还有众多以动物为名号的游戏直播平台跟着火了，例如斗鱼、熊猫直播、虎牙直播、企鹅电竞、龙珠直播。

讲了那么多直播，我必须要引荐我的一个明星学员。她是我在在行上，约的最有名也是最漂亮的女人，没有之一。她是我们通常认为的"网红"，名叫"北小诗"。我之前并不知道她是何方神圣，也不知道她就是曾经火遍短视频圈里最美丽的护士姐姐。

她约我，我开始还有一点点小激动，觉得我的内容竟然被"网红"所认可，心里总是有点莫名的兴奋。我们那次约见，是在另外一个城市——魔都上海。她当时在为某个护肤品品牌做代言，也在尝试从传统的营销模式，改变为通过内容电商变现的模式。而这种模式，她选择了她熟悉的领域——视频。

这次视频，不同于她之前的短视频，是到目前为止相对热门的"电商直播"。我身边有很多做淘宝直播的，一播就要十几个小时，她们主要是卖服装的。一般人很难理解她们的工作内容和强度，但是我们也分析过，转换率确实要比坐等流量强很多。电商的直播不同于娱乐直播平台的属性，她们更像电视购物的微创。这也是我比较反感的一点，太"接地气"，导致产品卖不了高价，主播累得像狗。

我很理解淘宝平台本身的消费者画像，你在电商直播平台上卖高价，确实是难上加难。那北小诗为什么会约我？我跟她聊了什么？后面发生了什么？我给大家娓娓道来。

北小诗在我看来是一个学霸型的网红，她不仅有颜值，还有一颗好学的上进心。她的目标性很强，她很快从短视频转到直播领域发光发亮。她自身在微博和短视频上的粉丝，其实足以支撑她的流量变现，但是她过去的身份是护士，所以说不太能跟护肤品联想在一起。北小诗后来选择了国内的一家知名品牌，从护士身份变成美护达人，这就很厉害了。

她约我的目的是给她的品牌团队讲讲如何做电商营销，如何将现有的产品卖点提炼，如何增加直播的效果。我对于护肤品不是很懂，但是在电商平台卖过护发防晒产品，包括进口的和国内的品牌。如果你问我Dior口红分多少个号，护肤水到底哪个牌子更好，我肯定不专业，但是每一个消费者怎么考虑买产品的思考路径，我还是比较内行。

记得那天我用了一上午加一下午的时间，给她的团队培训。我们拿了一个护肤水做案例，分析它的卖点。首先，我提了几个核心问题。第一，产品本身有什么化学成分；第二，选择这个品牌的消费者会比较在乎什么功能；第三，消费者会在什么价位集中购买，购买频率如何；第四，目前品牌主推的"卖点"是什么；第五，他们在某个单品上投入的广告力度如何。其次，我会根据他们的答案和客户真实的反馈，重新提炼卖点，把详情页的逻辑重新排列。最后一步，就是打乱店铺现在的图片和文案，重做。

看似简单的三步，需要大量调数据，和客服真实的反馈与内心的总结。更有意思的是，当天晚上小诗就有一场淘宝直播，她邀请我做嘉宾，跟她一起聊关于"明星与护肤"的话题。

说实话，这不是我第一次直播，也不是为品牌第一次播"销售"，但这是我第一次跟"网红"一起播。更巧的是，那天有一个跟我长得像的明星出了感情负面新闻，霸屏了那几天的微博话题，我们就接着这个热点聊开了。我个人觉得，我们聊得不露骨，也很自然，让每个观众看得很轻松，感觉像是一档综艺评论秀。我们在聊天的情况下把产品推了出去。而之前北小诗的直播，大多是她在努力勤奋地"卖产品"，这次我们是在"卖内容"。

我忘记了那天卖了多少货品，但是我明确感觉到互动增强了，话题丰富了，大家的感受也不是在看"电视购物"。下了节目，我跟北小诗谈了很多内容，例如她应该把护士和护肤融合得更好一些，做成美护达人的下一步计划。护士的职业是给她推荐产品加分的背书，但是护肤产品其实需要花点时间学习专业知识，过度讲产品，消费者会觉得无聊乏味。那么，国内的直播行业到底能走多远？北小诗又给了我什么启示呢？我很期待一个新的时代的到来，5G！

2. 儿童娱乐出行，我们可以更专业

在我写完一篇叫作《众筹都 0 时代了，你知道吗？》的文章之后，我真正成了行业里的"众筹小王子"。个人认为，从产品设计的阶段，就应该把营销的理念加进去，从产品的外观设计到使用理念，甚至消费者的心理，都要做很好的引导，产生好的口碑与真实购买。

在行原本对我来说，是利用工作之外的一些碎片时间把经验变现，后来慢慢演变成自己创业获取新项目的收入来源之一。换句话说，我从过去的偷着"接客"，变成了"明目张胆"地给自己做品牌与挣钱。我也这样接受了身份的转变，与此同时遇到了创业后的第一个顾问项目，翌行品牌创始人老曹。

老曹本名曹斯威，是一个互联网公司从业者，但是由于一个自己生活中的痛点，他毅然决然放弃自己的高薪工作，选择自主创业，一头扎进了智能穿戴的创业大军中。老曹其实并没有我岁数大，但是看着比我成熟。他是我在一次线下的分享会结识的，后来就在在行上约了我，聊了很久他的创意和产品原型。

先说说产品吧，当我第一次看到他的产品，我脱口而出一个词"风火轮"。他的产品有点像哪吒脚下踏着的风火轮，但是也有很多的不同。老曹说，他原始的出发点是，每天上班都需要坐地铁，但换乘地铁和从地铁站到公司的距离，让他很烦躁。产生烦躁有几个原因：第一走路很累，市面上的一些"平衡车"对他将近 200 斤的身材来说，站上去再走起来，有点难度。第二是共享单车太难抢，虽然这两年流行用"共享单车"解决"最后一公里的问题"，但是使用过程中又出现了一个新的"潮汐问题"，共享单车变成了"僧多肉少"。

为了让大家很好地了解老曹的"风火轮"这个产品，我不得不

先来解释什么是平衡车？平衡车应该叫电动平衡车，又叫体感车、思维车、摄位车等。市场上主要有独轮和双轮两类。其运作原理主要是建立在一种被称为"动态稳定"（Dynamic Stabilization）的基本原理上。平衡车是利用车体内部的陀螺仪和加速度传感器来检测车体姿态的变化，并利用伺服控制系统，精确地驱动电机进行相应的调整，以保持系统的平衡。它是现代人用来作为代步工具、休闲娱乐的新型的绿色环保的产物。

什么是共享经济？共享经济，一般是指以获得一定报酬为主要目的，基于陌生人且存在物品使用权暂时转移的一种新的经济模式。其本质是整合和提升线下的闲散物品、劳动力、教育医疗资源的价值。我们现在看到的"共享"更多是通过互联网作为媒介来实现的，比如共享单车、共享充电宝、共享 Wi-Fi。

什么是共享单车？共享单车是指企业在校园、地铁站点、公交站点、居民区、商业区、公共服务区等区域提供单车共享服务，是一种分时租赁模式。共享单车实质是通过手机登录 APP，扫描二维码打开单车，进行自主的租赁使用业务，比如大家都知道的 ofo 和摩拜。

什么是"最后一公里的问题"？最后一公里（Last kilometer），在英美也常被称为 Last Mile（最后一英里）。"最后一公里"经常被用来描述公共交通末梢和微循环的问题。比如共享单车就是解决从地铁站到公司、从居住的小区到菜市场等，距离在一公里左右的出行问题。

什么是"潮汐问题"？共享单车的"潮汐问题"是指在早晚高峰时，大批量的单车从地铁站、公交站、小区门口、公交枢纽等区域向写字楼或学校、办公区"运动"。导致大量的单车供给失衡的同时，又增加目的地排放车辆饱和的现象。而且潮汐问题，也带来了更多的使用问题，比如增加人工维护的搬运摆放，二次使用实效不均衡，以及资源管理和交通堵塞等。

以上的四个问题，是老曹研发他的"风火轮"的初衷。北京的交通有时候真的让上班族抓狂，特别是在地铁换乘时，有些地铁站已经成为大伙的噩梦，比如东边的东直门、三元桥、国贸、劲松、大望路、呼家楼；北边的西二旗、五道口、上地、天通苑；南边的宋家庄、角门西、北京南站、天宫院；西边的北京西站、公主坟、苹果园、海淀黄庄。如果你在北京生活工作，看到这些换乘站，脑海中会浮现什么画面呢？

讲述了这么多基础知识和交通现状，老曹的产品到底有没有机会呢？我是这么分析的，老曹的产品从外观上来说，很像机器人的盔甲。在某种意义上，我们可以把产品划分到市场的智能穿戴。但是智能穿戴也好，儿童玩具也好，我们有没有成熟的商业模式，对老曹来说就变得更加重要了。

我跟老曹又见了很多次面，帮他画了一下他的商业模式版图。先做产品，再做社群，接下来做运营数据，最后做电商渠道和IP内容孵化。看似内容很多，其实对于老曹来说，每一步都有一些成功的案例做参考。

第一步是做产品。在这个产品没有上线之前，有轮滑鞋、平衡车、儿童扭扭车，后来又了小米的平衡轮。这些产品的出现，已经很好地刷新了消费者对市场的认知。老曹之所以锁定儿童市场，是因为儿童娱乐出行的市场还是一个空白，没有更多的产品可以来卖，他很想把握好这个商机。

第二步是做社群。这里我给老曹推荐了两个以社群模式做起来的企业。一家是传统一点的，依靠儿童早教益智产品成功的逻辑狗。逻辑狗是我之前服务的教育品牌，企业的落地能力和过硬的产品，使得他们占据了大多数国内幼儿园市场。第二个案例，就是凯叔讲故事APP。凯叔的用户思维我是十分佩服的，他们的商业模式也是通过听故事的APP和自媒体，承接社群，后期销售知识付费与智能硬件，俘获了很多的孩子。

第三步是做运营数据。现在每个智能硬件的背后都有强大的数据资源，想想外卖APP，想想打车APP，想想团购APP。大多数的O2O的本地化APP都通过运用数据，垄断了市场份额。

第四步是做电商渠道。我给老曹的建议是做产品众筹，在京东这样的男性用户市场引爆产品，从而获取资金与种子用户，使产品在电商的海量平台上展示与销售。参考的案例是小牛电动车和小米平衡车。

第五步是做IP内容孵化。这是我给老曹规划的最远的一步，与儿童动画片合作，甚至把产品植入到一些游戏和电影里。而这一步的设计，我参考的是方特主题乐园中《熊出没》的结合，和迪士尼乐园的玩法。让消费者在更多场景看到你的产品，融合在画面中，最终达成交易。

3. 珠宝定制，从设计开始

说到异地约见，我确实有过几次。印象最深刻的是济南和深圳。更巧的是，这两次的约见都是同一个行业的人——珠宝商。

我是一个相对没有审美，也不懂时尚搭配的主儿。我几乎所有的服装都是太太给我操办的，但是我这样的装扮也吸引了不少做珠宝的朋友来约我聊营销。

深圳约我的是一对很有想法的夫妻。夫妻创业我见过很多，比如小仙炖，比如妙创意。我忘了约我的蔡老板是怎么认识我的，或许是一次线上培训吧。有一次出差去深圳，中途我在广州停留了一下，蔡老板就千里迢迢从深圳开车，载着他做设计的太太，一起来白云机场送我去深圳。

我见过一些私人订制珠宝，虽说对这个领域不那么熟悉，但是做营销的手段都差不多。我慢慢了解到，他们的珠宝销售是通过设计、圈子，通过产品的"特殊功能"来征服消费者的。在我看来，虽说看似只是增加了一个很细节的设计，却深深打动了我这个门外汉。

这个细节是什么呢？我来公布答案，是吊坠增加镂空设计，把一些很好闻的香薰加进去。香薰的加入，完全改变了珠宝原本的定位。人到了夏天，其实会有很多需求，比如驱蚊，比如助睡眠，比如除臭，等等。

但是有没有人会把这些功能的产品都带在身上呢？肯定没有。他们夫妻的设计，就解决了夏天一些特殊场景的问题。设计师蔡夫人原本是医生，很懂得医学和人体之间的关系。由于她从小就很喜欢设计，便把很多有意思的灵感，加入到她创作的产品上。

跨界营销的理念，对任何一个产品都适用。营销的本质是卖货，但是捕捉消费者的心理，变得比卖货更重要。我为了答谢他从广州开车送我到深圳的恩情，就提了一些建议。比如让蔡老板寻找合适的IP进行联合做新款；比如在京东众筹平台上做一次个性化定制产品众筹；比如通过直播来宣传自己的产品和品牌；再比如通过订阅号和微博来把自己的内容和太太的经历,写出内容,输出IP,来影响更多的消费者。

这些玩法,现在看来有一些基础,但是当时对于他们,还是挺扩张思维的。

4. 让你的产品售卖"化整为零"

不是所有的东西都可以当货去卖。一旦我们选择把某种东西定义为商品,就要想方设法给它包装。我曾经服务过一家线下的娱乐文化场馆的综合体,场馆负责人在刚开业的时候想了一个活动,就是做了一批开业纪念文化衫。老板跟我说明了她的三个目的:第一,增加现有的线下产品线获得收益;第二,通过文化衫来为她的品牌做推广;第三,尝试与其他服装品牌跨界合作拉粉丝。

她跟我交流了很久,问我这个活动是否有价值,能不能帮她激活新粉丝,做好品牌推广,顺带还能挣点小钱。我的答案是,一定都能。但是这个想法可能需要继续拆解几步。

我先问了负责人两个核心问题:第一,消费者为什么买?第二,消费者为什么要发朋友圈?企业负责人回答得很干脆,首先,她认为衣服质量好,消费者会买。其次,每个参与者只要把"买家秀"发到朋友圈,场馆立马返会员积分,这些积分可以换场馆的小礼物。

我对她的策划方案并不算太满意,因为这两个动作,还是不够吸引我做出购买和发朋友圈的行为。于是,我反问场馆负责人是否知道什么是产品的DIY。她很不解地说:"金老师,这个玩法已经很老套了,谁还用呢?"我很严肃地问她是否有孩子,是否参加过孩子的社会活动或者课外辅导班。她说她经常陪 9 岁的儿子上画画班、篮球班和围棋班。

我问她,"在这些活动中,如果有一些内容或产品是你儿子 DIY 的,你会喜欢吗？你儿子会喜欢吗？"她不假思索地回答,"当然！"

这就是我要的答案,当品牌主把商品拆解成为产品或者半成品,让消费者或者终端参与者加入他们的想法,这个最终的成品一定比它起初的样子更有商业价值。因为我们把制作过程交给了消费者。有一个词叫作参与感,或者叫融入感,好的融入感会带给人购买产品前的一种荣誉感和归属感。

这个故事只是我的一个"引子",我后来在在行上被一个做艺术品 IP 的范老师约到了。范老师约我只有一个话题,"如何把手中众多的艺术家作品变现"。我经常说流量变现,也说 IP 变现。范老师找我还是因为"众筹小王子"的名号,希望通过众筹的方式把艺术品卖掉。我看了范老师手中的作品,大多是一些新锐的年轻艺术家,可能不是那么知名。如何在不知名的前提下,让更多的大众消费者喜欢并且消费呢？

就在我很茫然不能给范老师答案的时候,我突然想到腾讯公益在微信朋友圈做过的一次活动：为自闭症儿童的美术作品"买单"。在我的印象中,这个活动当时刷爆了我的朋友圈。活动的大体内容是,每一个微信用户都可以给孩子们的作品支付 1 元钱,献出对他们的支持与爱心。

后来,我又看到过很多文章对活动的报道。我分析了一下这次公益活动成功推广的营销逻辑。第一,参与门槛极低,而且简单易操作。1 元钱谁的微信红包里没有呢？一个很漂亮的 H5（网页互动集合），就很好地呈现出里面的内容与亮点。第二，信息透明化，所有环节都足够准确。这次活动我们能通过前台看到公募机构平台，看到每一个小朋友的信息和病情，包括每幅画的含义。第三，有传播性，有话题性。每一个参与者都很有荣誉感，在关爱小朋友的同时，也很好地表现了支持者文艺的一面。

当我讲完这个案例，范老师突然问我，"那我现在有很多画是不是也可以这么卖呢？"我给出的答案是，可以在1元购上进行相应的调整。比如我们既然不是公益活动，也不是特殊群体所做，那我们能不能把艺术品的图片，做成手机屏保。屏保不一定都要给消费者一个高像素版本的，可以1元采购我们艺术品的手机屏保。如果消费者喜欢，就可以去范老师当时维护的平台，去下载更多其他艺术家的作品。

屏保成了引流款，让原本几千元甚至上万元的作品1元钱就可以直接购买，先让大家尝试使用。互联网思维就是用户思维，也是流量思维。如果每卖一个只挣一次IP变现的钱，那成本太高了，同时也大大降低了消费者尝试购买的成功率。反之，如果把艺术品拆分了，表现形式不再高大上，而是更接地气的屏保，那效果真的是不一样。

后来，范老师开始尝试把这些艺术家们的IP陆陆续续变成台历，变成手机壳，变成更多可商业化的商品，让消费者更好地接触艺术，也为艺术家们的作品变现。

5. 出差路上用我的"飞机枕"

　　好产品都会被模仿，原创产品大都来自研发者对生活的仔细观察。我是一个经常出差讲课的人，总会遇到这样或者那样的出行问题。比如赶火车，比如选航班，比如订酒店，比如买纪念品。

　　有时候，人一忙碌起来，能否照顾好自己就显得尤为重要了。不久之前，我就被一个多年前的同事老李给"约了"。他跟我探讨了一个我很有感触的产品——睡眠枕。老李最早跟我一样是做互联网的，不过不在北京，而在一个发达的旅游城市——厦门。

　　他用了几年的时间，开发了一个业内特别有名的产品，"D"型睡枕。他拿着他的枕头兴奋地给我解释道，"满铮，我的产品主要是解决小学生午休的痛点，因为这个是刚需……"

　　这个"D"型睡枕是有一个靠垫和支架组合的，整体设计很小很方便携带。孩子在中午睡觉的时候，可以把两个胳膊放在支架中间，不会产生胳臂睡麻的问题。老李告诉我，市场上在没有他这个产品出来之前，孩子们都是把家里的沙发靠垫拿来用。老李知道沙发靠垫最大的缺点是体积大，睡觉相对不舒服。

　　老李根据这个"刚需"，设计出一个"爆款"。"D"型睡枕上市不到半年，就被1000多个网店模仿并且疯狂上架销售。他告诉我销售额好得可怕，从30多元到60多元都有。但这事儿让老李哭笑不得。笑，是因为他的设计被行业认可，受到卖家圈的热捧。哭，每一笔销售额都跟老李无关，知识产权一次次被侵犯他也无可奈何，钱一分都没进他团队的兜里。

　　一个好产品，就这样活生生地被别人"做好、做大"。他为了自己的团队能活下来，就请律师开始找寻找每一个仿造的商家打官司。

在网络销售额靠前面的某个品牌商家十分嚣张。对方副主任直接跟老李说，就算告他，也不会下架产品。幸好，由于保护知识产权的法律越来越健全，老李在法庭上胜诉了。

那个品牌主给老李赔了80万人民币。可老李拿着这些钱，一点都不兴奋，因为那个仿造的品牌主已经靠这个产品挣了N个80万了。不过，那个品牌主最终还是为此下架了产品，网店被扣了分，一下子从行业老大气派，掉到了行业排行前十之外。

老李虽然没有在这个儿童睡枕上挣到钱，但是找到了信心。他知道知识产权的重要性，于是就研发了人生又一个"神作"。老李跟我说："满铮，其实今天我跟你聊的主要不是儿童睡眠枕，而是我这个颈椎睡眠枕。"他从书包里掏出了另外一个产品，开始滔滔不绝地讲他看到的客户痛点、使用体验，包括定价和渠道设想。

我认真地听了他的讲述，但总觉得他的"产品思维"过重。等他介绍完了，我就反问他是不是看过我的《众筹很盲》，他说之前买了，也看过我的用户思维理论，只是没想到如何把理论应用在这个颈椎睡眠枕上。我就拿着这个枕头问："老李，这个产品的客户是谁？用户是谁？"

他说是出差的人。我问他什么样出差的人？他说是出差经常坐火车和飞机的人。我又问他到底是坐火车还是飞机？他说坐火车的人"基数大"，坐飞机的人"质量高"。我问他更想要哪部分客户？他开始犹豫了。

我问他这个颈椎枕如果进入高铁和飞机，消费者都有什么不同。他思考了一会儿，刚要回答我，我微微一笑，"我觉得吧，最少有三个不同的点。"老李特别耐心地拿着本子开始记录我的话。我问他平时有没有颈椎的疼痛，他连忙点头说："会有，但是没那么严重。"

我开始一步步帮他还原我的出差场景。

我平时出差，如果在高铁上，坐累了可以选择起身上个厕所，走动一下，或者打个电话，起来伸伸腰，缓解一下，在飞机上不行；如果在高铁上，我无聊的时候可以玩玩手机，打开电脑连上高铁上的Wi-Fi，一边工作一边娱乐，在飞机上没网；如果在高铁上，我不论是一等座还是二等座，座位与座位空间距离还可以，不用系安全带，在飞机上太挤。我是一个有颈椎病和腰椎病的人，在飞机上身体更受罪，因此大部分时间，我只能选择吃飞机餐，然后睡觉。

我跟老李说，我每次办登机都用一个APP在线上选座。每当我选到座位后，系统都会提示我这个座位会让旅客感受到几种状态：舒服，一般，不舒服。每当我看到一般和不舒服的时候，心里那种忧伤的状态会让我产生更多的出差焦虑感。当我说到这里，老李十分赞同地说："满铮，我的产品让你秒变头等舱！"

我听到老李的广告语，突然觉得好赞。这样的语句，让我有画面感。我帮他分析，如果我们还坚持选择高铁的大基数，肯定会遇到单价"U"型枕的PK。根据老李制定的初步零售价299元，我们迅速锁定使用者的场景，就是在飞机上经济舱的男性乘客。

我们越聊越兴奋，就开始讨论到底谁是客户？我们觉得如果使用者是经济舱的男性乘客，那消费者八成以上应该是爱他们的太太，乘客的太太这一刻的购买力肯定高于乘客本身。我用我的理论，继续梳理着太太的生活痛点，找到了三个重要的购买冲动的可能性，最后我们把产品叫作"飞机枕"。

老李边笑边说："那我们的广告语，应该是让你的老公在飞机上，秒变头等舱。"

那天晚上，老李跟我沟通了四个小时，逐渐开始有了用户思维，慢慢理解了所谓的客户想听什么，用户想要什么样的理论。后来我问他这个新产品面世时，工厂的产能如何？老话说，"不打不相识"，老李告诉我之前有一家败诉的品牌商，已经成为他最好的供应链了。那家品牌商在帮他做之前的"D"型枕，同样也可以尝试做这个"飞机枕"。

老李在结束对话前，跟我说了他的一个创意。他说研发这两款产品的博士，是行业的资深大咖。他希望这位博士可以写封信给买"飞机枕"或者"D"型睡眠枕的太太或者孩子家长，告诉他们健康的重要性。

我听完就觉得，我的用户思维他还是没吃透。对于这两个产品，连接和影响的最少有三个人：妈妈、爸爸、孩子。如果这封信只是联动消费者和品牌主，那我感受的是"冷冰冰"的营销。如果这封信是孩子写给爸爸或者妈妈写给孩子的祝福语的信，通过一个经典的"慢递"形式在朋友圈传播，老李再利用 H5 的展现形式，内容就变成邀请这位博士写封信给他的孩子，贴上他们的合影，做成样板，征集更多的家庭参与，是不是这样的传播更有"温度"呢？他听完我的这个 PLUS 版的"点子"，感觉他做的不仅仅是一个保健睡眠产品了，而是在做内容，在做社群，在做亲子陪伴的服务平台。

不论他的定位是否正确，我的建议是否靠谱，至少老李的产品思维慢慢落地执行到了用户思维。我很期待"飞机枕"能再次引爆全网的关注，毕竟不是每一个爆款，都能成功。

第三部分

创业

我是创业一小白,陪跑打仗玩心情

在北上广深的男人,到了三十岁,或多或少都有点危机感。因为谁也不能确定自己未来的路和方向。我的助理欢欢也问过我好几次,"老板,你真的想创业吗?你的生活成本和收入还平衡吗?你愿意放弃家庭的幸福,拼了命去完成投资人给的KPI(Key Performance Indicators 关键业绩指标)吗?"我身边的哥们儿,上班忙得像狗,回家照样打着王者荣耀,可是他们的老婆不会出来指责他们,毕竟有稳定的收入就够了。谁让我身边的那些朋友都有房,而我只有房贷。

我曾经的老板兼同事吴珩吴老师说:"No money, No happy!"

一、创业者要改变思维

1. 创业我全凭演技，失败了婚姻还要继续

创业很苦，没钱没时间，有的都是执行不完的项目和根本达不成的KPI。我看到好多创业人，每天睡5个小时算是多的，他们出差还要在飞机上改PPT。我看到的和听到的好多夫妻，很多由于创业而每天工作，没时间陪孩子，感情变得冷漠。

这些问题是不是很可悲？我们到底为什么创业，初心没了踪影，不知道这些问题，是不是也在困扰你呢？

坦白地说，我太太从来没有逼过我创业，也不看重我挣的工资到底有多少，"少"字是重音。她并不关心也不想知道我每天都在干什么，我是不是京东商学院的实战专家，产品众筹小王子，《众筹很

盲》的作者，在行的人气老师，许多公司的名誉顾问，"营销奶爸金满铮"订阅号的主笔，喜马拉雅上《老板我药》的主播。这一系列所谓的社会上的"名片"，她根本不care。她只知道，我是她的老公，叫金满铮，晴天的爸爸。

人到底是出类拔萃还是出类拔"啐"，其实自己说了不算。说实话，7年前的我，是刚入互联网的一个小白。幸亏我学习能力强，悟性也不差，再加上自己的谦虚，慢慢掌握了自己的一套营销体系。

我没有资源，我是资源的搬运工。我的微信好友从接近5000人，已经被我锐减到1000多人，但是还能看到新浪、搜狐、腾讯、网易、阿里、京东、苏宁、百度、小米、爱奇艺、携程、嘀嘀、ofo、海尔、联想、美的、蓝标、奥美的人在发朋友圈。

我这10年认识的公司资源和人脉，足够我用的了。而人脉不是资源，只是开阔了我的眼界。大公司看多了，你自然也会变成"OG"的。我每天都在帮他找她，再帮她找他。不过我很感慨一件事，假设你曾经是腾讯的销售总监，离职1个月之后，到底还有多少人会把你继续当朋友呢？！

咨询成为我的第一个创业服务内容，也是我一直相对尴尬的一个问题。大多数人遇到营销困惑，其实就想找我聊聊。"聊聊"是不是成本，要不要为经验付费和知识付费呢？我媳妇总说我，每天跟别人有说不完的话，为啥回家就不说了呢？我总开玩笑地对她说："媳妇，我跟别人说话，挣钱。跟你说两句，很可能要买东西花钱。"

朋友找我咨询，到底要不要钱？我是个热心肠爱帮忙的人，脸皮薄，过去把讲东西培训当爱好，现在的分享知识成为我和我公司一个正经的收入来源。时间是我目前最大的价值，价值背后是我的经验，而经验是实战的积累，我希望用它们去创造价值。您要只是

"找我聊聊"，有的我也会婉言谢绝，毕竟跟我聊知识，还是明码标价的好。

为了不耽误大家的时间，我都会先推荐我的订阅号。毕竟我的知识和经验，看看文章也是可以提升的。许多人都很喜欢我的内容，觉得轻松而且不枯燥，最值得推崇的是，观点和创意确实不一样。

我不是神人，没有一个优秀的团队是靠着一个人打天下的。我很喜欢毛不易的那首歌《像我这样的人》，里面的歌词说得很像我。那我到底是个什么的人？答，我应该是把创业和创意泡在一起的人。讲完顾问，再说说培训。培训不是我生活的一切，而这一切美好的东西，均来自我的总结。

我认为培训可以运营幽默，但是幽默也分了四个层级。贫嘴，搞笑，幽默，艺术。我不否认北京人都爱逗贫，而有知识的幽默才是我追求的。培训里面的幽默，可以提升听众的兴趣，也能增加内容的可听性。切记，千万不要像某些培训大师，为了搞笑而搞笑。

2. 不忘初心，在哪里跌倒，就在哪里烧烤

我借用《西游记》中团队的描述方法，分析过很多创业团队的"配置"。团队里不要苛求每个人都必须懂业务，只要每个人发挥自己的作用即可。如果非用大多数人听得懂的语言比喻的话，我觉得团队就像一辆汽车，有人负责油门，有人负责刹车，有人负责离合器，有人负责反光镜。车在出厂之前，一定得检验合格才行，但是每个车主在真实的道路上使用，各个部件的效果如何发挥到极致，又似乎成了另外一码事了。

我坚信不是所有的人创业都是一下子就想明白的，最少要有个方向和初心。我听"得到"APP里有这么一个段子，感觉说得蛮靠谱的，就拿出给大家说说。水果O2O公司CEO肖洪涛有一个总结，叫作营销人创业容易掉进以下六个坑。

我帮肖总再提炼总结就是：

（1）擅长独斗不擅长当官。

（2）营销和创业不是一条赛道。

（3）看过"贼吃肉"没见过"贼挨打"。

（4）会"赚钱"但不懂"理财"。

（5）能做单个的"好"但不能做复制的"多"。

（6）过度的自信限制公司的"钱限"。

为了保证我是内容的原创，我不得不再去解释一下肖总的总结。

擅长独斗不擅长当官。这点我深有体会，越是做业务的人，做创意的人，越是没有机会和时间带团队。你会发现好的团队，领导不一定是业务高手，而是管理高手。想想我一直追捧的三国时代的刘备。在他的团队里，论武功不如关张，论智慧不如卧龙凤雏，论人气不如赵云。但仅靠着刘皇叔的名号，就统一蜀国了吗？肯定不是，而是他会管理，有情商，会做人。

我深知做创意的人，做营销的人，大部分是业务端上的高手，但是在管理层上的能力肯定一塌糊涂。如果大家不信，就回想一下你身边的公司，到底有多少高官或者CEO是最好的业务出身，大多都是管理水平高于业务水平。对于创业者来说，不论你是不是做营销的，哪怕是你做技术研发出身的，都要学习一些管理和领导力，这样才有机会把公司的基础建设搭好。

在我看来，真正好的创业团队不是西游完整版团队（内容参考我的《众筹很盲》），安排好一步步来的，而是更像刘备的早期团队，有出钱的张飞，有出力的关羽，还有管理思维和洗脑精神的刘备，各司其职，再加一些打得过的小战役的机会才行。

营销只是业务中的一个重要的部分，并不是公司的全部内容。创业有时需要做微创新，或者在现有的内容上找新模式，做规模化的"输出"。"输出"的可以是服务，也可以是产品，还可以是技术。

我们理解为是价值的"重组"，而不是公司每个项目收入账款的最大化。直白说就是，创业可以是做项目，但是只是做项目多赚钱不算成功，真正意义上的创业应该是公司在行业的利益最大化。我劝所有以接"私活儿"心态开公司的朋友，还是收拾一下心态上班去划算。

像我这样做营销的人，时不时买本书，偶尔参加个创业者聚会也有帮助。不过，太多人的建议会扰乱你做事的判断，特别是那些满嘴"成功学"的创业成功者。我的经验告诉我，多去找到创业者听听他们真正掉过的"坑"。比如被合伙人骗了钱怎么办？比如用人不如意还告你没良心怎么办？再比如被投资人的KPI压榨还不能解套怎么办？

看过"贼吃肉"没见过"贼挨打"。好的营销人员都是广告公司里的"王牌选手"。作为创业的老板，是不是也要经过长时间的磨炼，才能让公司正常成长起来呢？我的答案是"要的"。创业，是需要用时间来证明营销人的想法是对还是错，这个证明大多都需要"等"。确实，好多创业人员之前的公司的产品、体系、内容，甚至客户都是成熟的，所以很容易出成绩。可创业者现在要是"白手起家"的状态，千万别想当然地去想问题。比如为什么你在奥美、蓝标这样的公司中标概率就高，同样的原班人马如果以"小公司"的身份再去提案，连登门拜访的机会都不给了。

我把成熟的公司比喻成"贼"。创业公司需要搭建很多基础"设施"，创业期的老板要是看不到"贼"从 0—60 分野蛮成长的阶段，就会犯下诸多低级错误，统称"贼挨打"。营销创业人直接从成熟期开始服务，统称"贼吃肉"。这样很容易导致他们在做自己公司时候盲目自信，没时间了解企业前期的一些基础问题，忽略了如何让自己的公司从 0 开始起步。

营销人对于这个痛点只有一个解决方案，那就是快速选择一些合适的初创企业共同捆绑成长。虽然有点辛苦，起初还赔着钱做服务，但是很容易通过解决其他企业的问题找到自己企业的不足。人需要照镜子，企业也是需要的。

会"赚钱"但不懂"理财"。做营销的人，挣钱手段都会比一般人多很多，比如做业务，比如找渠道，比如找资源。所以，他们只关心公司有没有钱，还有多少钱。但是创业者真正要了解的是公司的成本和费用的关系，是否看得懂资产负债表、现金流量表、利润表等。公司是靠利润活着，还是靠现金流扩张。这些问题，我坚信刚创业的人都不太懂，也不太会重视。

理财对个人来说很重要，对公司而言也要提升一个认知高度。想把公司做大的创业者，要懂得个人与企业理财，懂得融资，同样懂得资金的合理利用。不要草草地找一个财务记账公司就算了，最好是踏实地去深入了解一下财务这门学科。只是建议大家，做公司不是儿戏，现金奶牛（即现金流）十分重要。

朋友告诉我，一个好的财务人员可能为一个企业减少很多没有必要的开支。开源节流就是告诉我们，个人的钱是花出来的，公司的成本是省出来的。

能做单个的"好",但不能把"好"复制成"多"。营销思维和产品思维确实是两个意思。我经常强调互联思维,强调电商思维,但是好的广告公司永远拼不过一个做产品公司的规模和影响力。

有人说传统广告公司都没落了,大部分公司都在做视觉设计、营销策略、媒介投放、流量变现,等等。个性化服务才是营销者的王道,批量化的内容是无法卖上高价的。为什么很多广告公司不会被看好,也不会被投资?因为他们的服务内容不能批量化,不能成为标准化产品。而产品思维可以标准化,随着产量的增加,成本的降低,复制就能让企业变大。对于营销而言,它只是产品或者服务中的一个环节,营销创业者的点子不能被复制很多次,只能提供个性化服务,会限制商业模式的想象力空间。不能指数倍增长的项目,很容易被投资人看到"天花板",也局限了行业的迭代与发展。

服务一百个没钱的老板,不如服务十个有钱的企业家,我猜有些做营销的人肯定这么想过。服务再多企业,"走量"的成绩单也不能成为行业标杆,影响力依然小,即使再有好团队,会给甲方"卖稿",也只是赚快钱。我看到好多这样的营销人尝试把内容沉淀,比如转型做培训,或者开始梳理他们自己的营销体系写书,做成圈里的"网红"。

过度的自信限制公司的"钱限"。互联网公司都笑话传统企业"土",传统企业都瞧不起互联网公司"穷"。说到"土",是因为传统企业思维的陈旧和相对落后的营销理念。谈到"穷",是因为互联网企业更多的是所谓的高"估值",财务上并不盈利,活下来都是在靠资本"烧钱"。

肖总的最后一个观点我赞同,同时也为营销人感到可怜。营销人肯定是时代的"弄潮儿",许多理念和思维都是超现代,或者相对有格调的。但就是因为营销人自带鄙视链，看不起传统企业，或者线下服务型行业的公司，导致失去了服务机会，限制了挣钱的"通路"。我说了这么多的"坑"，用一句话来总结就是："创业不忘初心，先做擅长的，再做能干的，最后考虑可辐射的领域。"

3. 自大不是缺陷，发个红包我给你补个短板

创业者最痛苦的是初创期看不清方向，也不知道自己的能力和团队实力到底能否迎接各种挑战。不过在我"聊过"的各种老板里，总会有一些盲目自大的。他们的产品思维，让我听得都想吐。不是我固执，也不是他们固执，而是每个人知识体系确实有局限，你的常识，也许是他的知识。

"会者不难，难者不会。"创业者的"格局"，大多是被他自己过去从业时的知识体系和获取的财富所限制了。我承认我是一个好为人师的主儿，总是给一些企业老板，这样或那样的建议，但最终能不能落地执行，其实不一定是我和老板的问题，或许是别的。我也通过跟很多成功的老板交流"格局"的话题，最终得到了一句箴言："请不要在穷人眼里当富人，而是要先挤进富人堆里忍受一时的穷。"

有个前辈说我是个不错的"IP"，我还跟他开玩笑说，他才是"IP"，他全家都是"IP"。前辈当时觉得我说话有点不礼貌，但我其实想表达的是，好多人新知识都还没弄明白，就开始应用了，不够严谨，害人害己。我经常在不同阶段不同场合给不同的老板补"短板"，但这些所谓的新知识和干货，对他们有用吗？我还是保留意见。

我个人觉得，老板的短板大体也就分为几种：

第一，知识体系的短板。不是所有老板都能懂所有知识，毕竟术业有专攻。做产品出身的老板，更懂产品结构；做销售出身的老板，更懂销售心理；做渠道出生的老板，更懂渠道搭建；做财务出身的老板，更懂财务报表。

第二，思维心态的短板。如果不是天生当老板的，总有一种"打工心态"。能不花钱就不花钱，能自己做的就不让别人做，对待员工和同事，大部分还是teamleader，"兵头儿"的身份而非老板的思维。有时公私不清，财务不清楚，公司就很难运营变大。"兵头儿"的问题，也是困扰了我和我身边的很多老板。对员工太仗义和热情，在公司层面上就有损失。对员工不仗义，公司就会面临所有的事情老板自己做，老板"DIY模式"，让旁人觉得老板一个人就活成了一家公司。

第三，招聘用人的短板。我敢说，如果你不是带着团队出来创业的，招聘用人，一定是所有创业者必须跳的"坑"。你从过去的"兵头儿"变成老板，你到底懂不懂员工真实的想法和利益点呢？不要想当然地希望员工为公司无私奉献，不求回报地奋斗五年十年。现在的求职者，就是为了获得他们想要的收入，而不是为你这个老板的"梦想"买单。

当老板面对这些短板，我只能劝老板们先去学习，然后买书，再然后在工作中总结经验，学习中找到适合的人。凡事都是有始有终，做公司懂得好聚好散。

4. 劳驾请抬腿，投资别后悔

开公司的第一步，应该是注册公司。注册资本是多少，公司的股份比例又如何制定。很多创业老板总是高估自己的企业价值，动不动就拿"沉甸甸"的股份跟员工谈理想。我总是说："在你眼中的股份，在我眼中可能一文不值。"开公司需要找合伙人，也需要把股份的比例说清，这样有助于后期公司融资和上市的利益分配。说真的，公司只要不上市、不融资、不套现，股份真的就是一个数字而已。

很奇怪，我做营销这几年，很多老板都愿意给我股份，有的是1%，有的是10%，还有很多让我随便要。每当大家坐下来谈合作，他们就直接拿股份来跟我"画饼"。起初我还是比较激动，总觉得他们的真诚是在从某些角度认可我的营销实力。后来"狼"来多了，我就理解了，股份这个"蛋糕"没么好拿，也不一定好吃。

投资这事，我不想说太多，毕竟我经历了一次，只能说，"挺麻烦的！"当我身边有人开始被投资，或者准备拉融资的时候，我都特别想问问他们，"投资人真有钱吗？你被投资真的就会有钱吗？"

我看到过几个投资人，都不是太大的"咖"，但是都很有修养和国外的背景，说话很"高端"，做事贼谨慎，感觉确实都是另一个世界的朋友，我跟他们聊不来。但我想对那些准备拉融资的创业者说几句真心话。第一，能跟银行贷就不跟投资人要。银行贷款你可以还，没有感情债，也不会被一轮轮PK你的思维，左右你的行为。第二，必须融资的时候，多考虑一下合伙人和家人，因为我看到被投资的人，都活得很不像"人"，像机器。他们没了生活，没了家人，只有KPI增长，只有出差见投资人。

我身边最少有四五位创业的女老板，而且也被投资了。我很羡慕她们，总觉得女人在这个时代创业，被投资是很厉害的一件事。但是我看到她们现在的状况，并不是那么"幸福"，她们在事业上的"强"，让她们失去女人原本的"美"。

有时候，我会反问自己，"金满铮，你为何要创业？为什么选择被投资？"我的答案也很简单，"因为我没试过，所以要试试。"对投资人来说，他们要的是利益升值，找到接盘侠把投入套现回来。但是对每个创业者来说，他们要的是实现梦想，找到合适的资金或渠道，或者同行人，把业务做大或被阿里、腾讯这样的企业收购。

大家的心不同，结果就会不同，一面是收益，一面是梦想。因此我想对那些睿智的投资人说："投资人，放过创业者吧，也许他们想得很简单，没有你那么复杂。"我也想对苦苦拉融资的创业者说："可爱的朋友，放过投资人吧，也许他们想得很简单，没有你那么复杂。"

当你遇到一件完全不熟悉的事，又如何开始系统地做好呢？我可以拆成三段。

第一，如何开始。

20岁跟对人，30岁做对事。找靠谱的老师，然后努力奋斗，这就是最好的开始。我现在做场景电商，就是跟着苏老师学习才开始的。因此，我的第一个观点是：要先找对人，再开始！

第二，系统地做。

提到系统，我觉得应向思维缜密，做事严谨的人学习。他们严谨、逻辑思维强，而且还勤奋能忍。如果要把一些没规律的事情做好或者总结，我推荐我身边的他们给你。我的第二个观点是：开始后找对方法，边做边梳理。

第三，一件完全不熟悉的事。

不熟悉，还要完全的，那真是难。老话说"隔行如隔山"，我同意。我认为有一个职位是通的，不论是什么行业，那就是销售！公司里最好的销售就是老板，他既要有销售能力，还要有其他的本事，比如财务、交际、产品等。那怎么办？就用自己原本擅长的技能去寻找陌生范畴中的共性。因此，我的第三个观点是：最后要找对经验，做到有效转化。

5. 项目分辨不出好坏，陪跑也很无奈

你有分辨好人坏人的能力吗？我觉得我比较一般，但是我知道世界上没有永久的朋友，只有不变的利益。在朋友和老师面前，我通常是关爱朋友，尊重老师，但是做事的话，我会感谢师恩，与朋友并肩作战。

在这里，我必须感谢两个认识不久，但对我的事业有相当重要意义的老师：一个是湖南新媒体营销大师成智大兵老师；一个是北京的公关营销人鸡血君老师。

大兵老师是一个很有想法的新媒体人，他出了两本书，《从定位到传播》和《超级吸金术》。而鸡血君是我从创业到现在最好的合作同路人。我希望在我的内容里为他们做个介绍，因为我知道除了自己，他们的内容也是值得大家关注的。我是典型骨子里好强，外表张扬的人，我在闯荡江湖时，朋友本来就数量不多，真心的就更少。

不论是我是不是在"伪创业"，我希望这一路走来，回头看看，世界上还有很多人会记住曾经有一个人叫金满铮。你不骂我，就够

了，我擅长"陪跑"，也懂得一个共赢的道理。这个道理就是：当你把努力扔出去，你的能力就回来了；当你把能力扔出去，你的财富就回来了；当你把财富扔出去，你的团队就回来了；当你把团队扔出去，你的事业就回来了。

我的表姐妙妙，总是说不要做"100米宽，1厘米深"的事业。我认同她的说法，在创业的时候，我们都要具备既有深度又有广度的做事能力。

陪跑需要能力，企业主也要找个靠谱的人。俗话说："专业的人做专业的事。"我一直主攻两个大领域，培训和营销。对于培训，内行看的是平台与内容；对于营销，内行看的是玩法与创意。作为一个所有圈的圈外人，我就是一个彻彻底底的"混儿"，在哪里都可以用得上，也不会太出错。

如果你也想让我跟你陪跑，那你再好好听我系统地介绍一下自己的能力吧。

我，首先是一个具有网红属性的新电商讲师。

在京东大学电商学院，我不是业务最牛的讲师，但作为一个伪"90后"的"80后"大叔，我已经在"江湖"中留下了不少的"故事"。在讲课内容上，我擅长点评设计，讲述页面文案，分析众筹全案。都说直男没审美，但是我给页面审美的挑刺，还是蛮多的。我更关注很多细节的表达，能让商品详情页的美学价值和商业价值达到平衡。不能一针见血的创意文案，已经很难入我的法眼。就像我的师父苏然所说："请让你的产品自己说话。"

除了京东，我还在诸多社群和非电商的平台讲过课，比如爱奇艺、易观、桔子会、慧科教育、开课吧、黑马会、霸王课、36氪、蛋解创业、怪兽大学，等等。我的讲课风格越来越适应线上的直播方式，我也希望把我培训的三大法宝给大家讲讲。第一，讲课开始前，学会提"傻问题"与进行互动。第二，讲课的过程中，学会用"抑扬顿挫"的方式来控制节奏。第三，讲课的细节上，学会用肢体语言强调知识重点。

我，还是一个会讲星座的众筹项目咨询师。

咨询的业务范围还是相对比较窄，我只会讲设计、品牌、营销、搜索、社群、网红、直播、众筹、短视频、社交、感情、星座。有的偏理论，有的只是为了博您一乐。咨询不是解决众筹营销问题的唯一方法，毕竟咨询永远都是你问我答。而最有价值的是，能不能为咨询的人量身定制出适合他们的服务。

我在在行 APP 增加了跟客户的信用度，也缩短了合作前期的考核时间。一举两得的事情，我会坚持做下去。知识付费，就是让愿意花钱的人，在最短的时间买到最宝贵的经验，提升工作效率。仅靠企业主自己花时间摸索，花精力打造自己的团队，效果也许不会尽如人意。

我，还是一个替老板省钱的企业营销顾问。

我在在行 APP 上，已经开启了企业定制咨询服务，内容偏品牌定位、电商营销与推广。我也在努力为更多企业输出我的点子，用合适的资源和人脉，输出更多的结果，产生更多的销售额。我平时擅长观察生活的点点滴滴，用"微创"的方法，去做到产品营销，打造跨界的经典案例。我认为，目前有两种企业特别需要我这样的创意营销大牛的指导。

第一，初创企业的老板和团队。这样的团队更多的问题是初级的品牌定位和产品营销渠道问题，以及传播问题。他们大多的精力和费用都投入到前期的市场调研和产品研发上了，真正到了营销阶段，发现知识体系不够，人员搭配不对，没有正确的自我认知。这样的老板和团队，我一般称之为"傻白狠"。我觉得他们需要我来简单地梳理问题，指点企业发展的初级问题，以及适当地调整战略，快速在对的营销与推广渠道上走起来。

第二，被融资的创业企业和传统待转型的大公司里的部门与团队。他们的问题不是战略，而是处在瓶颈时，改变战术的决策阶段。比如是否出新产品线，是否放弃常规的推广渠道，开拓新的受众群体。这样的老板和团队，我会帮他们把"老司机"的帽子摘掉，而给出新的营销策略，用好的方式快速跑。

6. 树立客户思维，打造良好品质

创业做公司，一定要学会开源节流。很久以前跟一个老板聊天，让我受益匪浅，拿出来给大家分享。我们作为服务商，一定要学会认同客户，帮客户实现梦想。

客户买服务商的到底是服务内容本身，还是买一个认同感呢？不论是什么，应该先学会认同客户的思维，理解客户的初衷，再想一切办法，帮助客户实现梦想和规划。

有人会说服务商大部分都是在应付客户，或者说为了"卖笑"而委曲求全，把自己原本的创意硬变成了客户的理所应当。最经典的段子就是："设计，帮我做一个五彩斑斓的黑！"我的前任老板曾对我说过一句话，叫作"服务不好，态度要好"。

确实，有很多一流技术的服务商不在乎服务的态度，他们很强势，很自我，只考虑技巧而忽略了实际执行。或许就因为有这样的服务商存在，才让更多的二流技术一流服务态度的服务商有机会存活下来。

很多时候，我们不太认同客户的想法，觉得他们太幼稚，产品太一般，设计 low，营销理念差，消费者人群画像不清晰等等。但是我想说，如果客户都明白了，还会找服务商吗？

业务不要太多，先做好一种。

我从小就听我姥姥说过一句话："狗揽八泡屎，泡泡舔不净。"有时候做企业做服务商，应该尝试做减法，不要为了挣钱贪多，最后沦落成了被钱耍的傻瓜。

服务商的心态是，多接单。客户的心态是，少花钱。但是要不要平衡这个问题呢？答案只有一个，业务不要太多，先做好一种。我从社交媒体营销到电商营销，其实转变了很多的思维和做事方法。我也在尝试用一种最有效的方式去做业务——做营销。所以我才在 2015 年，选择了电商圈里的众筹。

创业者不是一开始就知道自己要做什么。

之前的很多文字，都在解释这句话，我只是在这里再强调一次。创业者真的需要边实践边调整，也许走着走着就明白了。比如我就是一个很好的例子。我最早创业，也想通过众筹服务，切到众筹培训和项目咨询。但是我发现我没有相对的资源和行业市场。众筹市场很大，众筹培训市场很小，到了项目咨询，就成了众筹项目的咨询，所以我选择了在行 APP 的业务。

随着业务的变化，市场的变化，我开始尝试从众筹服务到新媒体和电商的线下培训，毕竟传统培训的缺口一直有，而且像我这样的脱口秀似的老师，那是少之又少。

创业者为什么都有好心态？答，心态不好的都"阵亡"了。

创业者要具备四个品质，善良、正直、聪明、能干。在这个互联网思维的时代，你要是没有创业的 idea，都不好意思在朋友圈混。谁都想找天使投投资，也希望能在风口弄出点名堂。随着资本寒冬的到来，不是那么多的团队都能存活下来。反问，投资者投的到底是什么？团队。团队的灵魂是什么？带头人。

我是个三国迷，特别想用三国这段历史，来解释我眼中的创业领头人。在那个群雄逐鹿的时代，我还是喜欢刘备。不因为《三国演义》里他是男一号，而是他是草根创业成功的典范。刘备是皇族的后裔，意味着他第一个气质有了，有信仰。信仰这个词我经常会说，但是多少人能吃透呢？我觉得我自己也不行。

人还是需要梦想的，万一实现了呢？刘备可能没有诸葛亮聪明，没有关羽忠义，没有曹操有野心，不像孙权那样有厉害的爹，没有周瑜的俊俏，但最终有一帮兄弟，文臣武将跟随。为啥？

第一，有信仰，有一句不错的口号——"匡扶汉室"。从另一个角度来说，信仰的前提是要包装。他是皇叔，有这么好的社会地位背书，再加上从未变过的信仰，让无数人愿意为他出力买单。同样的案例还有唐僧。刘备家背景好，但家境不怎么好，信仰也许是娘胎里带的，但其他的气质应该是后天培养的。

第二，要善良。刘备不是曹操那种"稳准狠"的性格，而是一个听人劝吃饱饭的人。他不太会跟部下过分计较，对待每个"员工"都很友善，包括他的臣民。

有一句经典的电影台词是："人，不能失人心。"对天下善，天下会善待你。有人说刘备的天下是哭出来的，是演出来的，是装出来的。我不同意，如果他为人不善，恶报总会找上门的。

第三，会识人。刘备在"三国杀"里有一个重要技能叫作仁德。

意思就是把资源分配给对的人，让团队更强大。物尽其用，人尽其能嘛。

刘备的创业过程，经历了几个不同的阶段，有荆州势力，有西蜀势力，还有跟他出入生死的早期"合伙人"关张赵。这从一方面说明，刘备会重点培养骨干力量，以点带面；但从一面来分析，蜀国后备力量确实差，也会让团队后劲儿不足。铁打的营盘，流水的兵。创业人，一定要有储备人员。

除了有信仰，要善良，会识人，还要颜值高。

懂业务是基础的，颜值高会加分。这年头是一个看脸的时代，好多创业家都是"90后"。他们各个颜值高到爆表，让不少投资人都愿意多见他们或者她们。

二、创业者要调整心态

1. 后院起火，必定没我

　　创业就是一场博弈，也可以算是利益的天平。天平的一边是公司，另一边就是家庭。到底有多少人能在这两头走得平坦呢？

　　我的一个前辈对我说，你要想成为某个领域的专家，需要下一万小时的功夫。而这一万小时的定律是作家格拉德威尔在《异类》一书中提出的理论。我算过，每天工作八个小时，一周五天，那么成为一个行业大拿，至少需要五年。再加上我生活在北京这个城市，每天上班、吃饭、堵车、加班的时间，保守地估算，八年才能满足那个"一万小时定律"。

　　我跟儿子晴天说："儿子，爸爸现在能抱你，就多抱抱你，因为有一天,你长大了,或许你就不让我抱了。"我有时也对自己说:"我很爱我的儿子,不管他知不知道,还是他未来假装不知道。"

一个男人应该对孩子有耐心,同样也应该对家人有责任心。

很多人跟我调侃过,离婚最大的原因是"结婚"。夫妻的感情,是很多创业者不得不去讨论的最后底线。很多人为了守住感情,没有选择事业而保住了婚姻,但也有很多人没有坚持婚姻,选择了新的生活或者独自忍受工作。在创业者的大军中,有好多夫妻都在饱受"行婚"和"寡妇式"生活状态的困扰,甚至只是为了孩子才留守在一起,成了熟悉的陌生人。

我是怎么做到创业和家庭平衡的呢?我说说我个人的三条经验。

第一,学会妥协。

不是每个男人都愿意"低头",特别是创业的人,都有自带的自信特征,以及强势的姿态。我很喜欢这样的做法,但是对于家庭来说,要学会妥协。你爱一个人,可以为她做一切,为什么结婚了就开始用各种借口来敷衍对方呢?妥协不是一味地退让,而是懂得用情商处理家庭中各个成员的关系。

第二,懂得感恩。

在创业的路上,我很感恩帮我的合作伙伴、客户、下属和行业的前辈。把他们对我的爱转换给家人,进行相应的"补偿"。比如我经常能收到很多礼物,我都会第一时间想到家人。虽说家人不缺这些"礼物",但是家人很希望看到你在创业的同时还惦念家人的心意。你可以理解为"借花献佛",礼物一定要选对送的人,才能事半功倍。

第三,改变自己。

改变别人是世界上最难的一件事,但是改变自己还是有机会的。

用改变自己的结果，去影响身边的人。改变自己的学习途径，改变自己的睡眠习惯，改变自己的交流方式，多去尝试你之前没有接触过的东西，换一个角度看世界，也许你就会豁然开朗。我原本不太喜欢参加亲子活动，总觉得在耽误自己休息的时间，可是后来发现通过活动能学到更多的营销策略，也掌握了消费者的心理状态，还真是一举两得。

如果你是女性创业者，我建议你每周拿出固定的时间来陪家人，哪怕只是一顿晚饭的时间，一场电影的时间。因为当你的"心"跟家庭其他成员的"心"不同频的时候，你的"身体"就自然会有离开的打算。不要奢望家庭对你理解，毕竟你在付出，他们也在为你付出。此外，女性创业者也是女人，一定要保留自己女人一面，否则抛弃你的不仅仅是婚姻，还可能是你自己。

有很多的投资者告诉我说，在投资看项目的时候，创始人的婚姻状况，是他们会考虑的一个重要参数。如果是离异的，他们会更慎重考虑。我的建议是，花时间去陪家人，比给家人买东西更实在。把你的感情投资给家人，不要给孩子老婆父母的仅仅只是钱！

我同意臧鸿飞曾经说过的一个观点，"男女吵架，应该是男方先道歉，而不是错了的一方先道歉。"最后我帮大家总结了一下，女人跟男人吵架时最爱说的二十句话，提醒所有创业的夫妻朋友们注意。

1. 你没错，你怎么会错呢？
2. 你竟然敢跟我嚷嚷！
3. 你说这话什么意思！
4. 你根本不明白！
5. 你还算是个男人吗？

6. 没想到你竟然是这种人！
7. 你以前不是这样对我的！
8. 你没错，都是我错了，行吧？
9. 这次算是我看清你了！
10. 你考虑过我的感受吗？
11. 我不听，我不听！
12. 你知道你哪错了吗？
13. 你是不是不爱我了？
14. 你变了！
15. 你太自私了！
16. 你是个混蛋！
17. 怪我喽？
18. 别碰我！
19. 走开！
20. 滚！

2. 老板都有病，统称"焦虑症"

有一个词，大家都听过，叫作中产阶级。有一个新词，叫作新中产阶级。伴随着中产阶级的崛起，又一个新词让我们做营销的给讲烂了，叫作"消费升级"。

为什么要说中产阶级，因为这批人面临这辈子第五个决定性的关卡。前四个是念书、就业、婚姻、生子。第五个是什么？人生的中年危机，就业还是创业的抉择。

想想我父辈年轻的时候，他们流行一个词叫"下海"。他们能挣钱做个小本生意，当个万元户已经很不错了。我们这些年轻一代，也遭遇了同样的问题——创业。我个人认为每三年可能就是一个代沟，而互联网企业，可能每半年就会进行一次洗牌。那选择创业的老板最怕什么呢？应该是没上赛场就出局了。

新中产阶级的焦虑，不仅仅是创业和就业的问题，而更多的是对一些事情的判断。我总是强调，人过30岁，消费的偏好和动机有了很明显的区别。不能说不缺钱了，而是大多数的人开始重视生活质量了。特别是这批新中产阶级，衣食住行不一定选最贵的，而是会选择个性化和趋于小众品牌的。那消费升级的概念就很容易理解了吧，他们需要什么，营销者就要做哪方面的内容了。

对电商营销来说也是一样，从流量电商，到自媒体电商，到垂直电商，到APP电商，到视频电商，到社群电商，到内容电商，老板们但凡缺乏对这些变化的理解，都会特别焦虑。

货还是那些货，人还是那些人，但渠道和路径一直在变，让他们真是丈二的和尚摸不到头脑。

一个创业的人总觉得自己的知识储量不够，确实不够。但是每个人到底是要系统地学习营销、管理、法律、财务、产品等课程再创业，还是每个都了解一些就可以呢？我推荐大家利用自己的碎片时间去听听音频知识。罗辑思维是我最早关注的，有的在讲段子，有的在讲干货。

提到知识付费，我最想说说罗振宇先生和他的跨年演讲《时间的朋友》。看2018年的跨年演讲，我有十点感受，看看我的思考能否给你一些启示。

第一，企业有拐点，你需要如何等待机会？

我很赞同这句话，2019年如果真的让很多企业重新做一次，大家都会面临"洗牌"的开局。我在2018年年初，重新规划了自己的职业生涯，投奔传统企业培训的大军中。我愿意用我的专业，去改变每个行业。

谁都会有拐点，如果你选择对了，那就是起飞上天；如果选择错了，那就是一摔到底。你所在的行业里，规则变了吗？玩法变了吗？从业的人变了吗？如果都变了，我建议你也去试试改变。这年头，打败你的或许真的不是同行，而是跨界来的高手。

2018年，我接过最多的电话，是传统培训机构的咨询，听到最多的一个形容我的词是"年轻有为"。我没有很优秀，而是这个行业太缺少我这样的人。在大多数人眼里，培训师都是西装革履、文质彬彬、高学历、经历丰富。而这些词在我身上，全部被颠覆或被打破。企业有拐点，人也会有拐点。我很庆幸，33岁这年，驰骋在如此多变的"职业高速"公路上，没有被拐点所甩开，还能紧紧地跟随着。

第二，"成年人"的世界复杂，依赖的必须要放手？

不论你做什么吧，我觉得底层逻辑是一直不变的。APP也好，线下实体店也罢，如果你服务的逻辑不是一切为了"人"，那你很快会被大数据和AI所淘汰。我们在成年之后，要学会理解复杂的世界，依赖永远都会有终点，而努力却没有。

罗振宇的那个"我和你妈同时落水"的测试，就是提醒我们要知道什么是抽象的问题，什么是我们该做的事理。我发誓，这辈子都不会问晴天这么幼稚的问题。如果有一天，一个漂亮的女孩问晴天，我会告诉儿子，"让她来问我！"我不想给儿子太多的依赖，但是我要教会儿子做事的道理。或许我应该把处理的重点写在一张时间表上，这样做事效率能提升。

第三，移动支付是"小趋势"，你是否可以预测？

罗振宇先生通过餐饮行业的小趋势和移动支付的变量，让我了解了原来送外卖靠的是 AI "人工智能"的大科技。我觉得支付小趋势只是移动设备、移动媒体、移动社交、移动购物、移动支付的必然发展趋势。

这些词背后的逻辑，还是人！人的需求不会被这些完全满足，方便面也不会被外卖"搞死"。我不去预测下一个风口，我没那么大本事，我只是跟着风口去看事、做事、成事。或许我能赶上某一班车，或许只能傻傻地看别人赚钱。

第四，"5G 时代"了，你会用 iPhone 还是用华为？

我身边有很多人开始讨论 5G，我不知道对我到底会有多大的影响。有人说，2G 时代我们随便看文字，3G 时代我们随便看图片，4G 时代我们随便看视频，5G 时代我们随便看一切。

5G 时代对我们影响最大的，应该是手机里社交 APP 的呈现形式。朋友圈开始晒视频，直播也许会和即时通讯打通，美图 APP 直接有社交属性，等。不管是选择 iPhone 还是华为，作为一个营销人和讲师，我还会坚持用最潮流的手机。

第五，猫砂背后到底是什么逻辑？

说实话，猫砂这个故事，确实让我脑洞大开，毕竟我一直对宠物行业表示很中立，而且有点恐惧。城市的发展，人类的迁移，如果真的让主人选择带猫还是带狗离开，确实是一个不小的课题。

我是个天生怕猫的人，我也不懂养狗人的心态。陪伴是一个人的刚需，因为寂寞让人难耐。

狗需要被遛，猫不需要遛。就在这一刻，猫砂的出现，铲屎官的困境被击破，养猫的市场被放大，养狗的市场有威胁。哪里讲理去？跟那些懒惰的人说吧，因为他们的选择，让宠物行业的平衡开始有偏向，或许我说得不对，毕竟我不养宠物，养儿子。

第六，用感知力观察，用洞察力说话。

罗振宇在告诉大家有风口，从2011年的淘宝红利，2012年的订阅号红利，2013年的网红红利，2014年的O2O红利，2015年的早期社交电商红利，2016年的拼团红利，2017年的直播红利，直到如今的短视频红利，只要你选一趟火车，跟随着趋势，你必定有火的机会。

我很同意罗振宇说的各种红利，但我是那个所有红利都没抓住的人，是不是只能等下一个红利了呢？我现在选知识付费，比如我录制的爱奇艺平台上的营销课程。我曾经写过一篇文章《君子爱财取之有道》，说明了我是怎么理解流量、平台、工具之间的关系的。

第七，"等号"的意义是左右两边的价值表达。

关于等号，我觉得对我启发很大。不是所有人都看重等号两边更多的意思，好多只看到了结果。比如，"去上班＝有收入"。有没有人让你去上班，你会不会不高兴，会不会委屈自己，会不会遇到麻烦，答案都不一定。

我们有时只是看到等号两边的结果，没有分析等号两边的过程。你要的是结果，你也要为过程负责和承担。

第八，我还是不理解的"非共识"。

"非共识"又是一个新词，你肯定有你的理解，我很赞同求同存异的道理。我这里不想多解释这个词，但这让我想到《奇葩说》新一季完结篇的主题——"不合群的，要不要改"。

我经常有一些"非共识"的看法，但是要经过验证，才能知道是我对了，还是别人对了。我经常和欢欢讨论一些道理，应该具备理解别人的"非共识"的心态。即使我们都懂换位思考的原理，但是又有多少人能做到呢？

第九，"信用飞轮"，你爱信不信！

最后一个梗是信用飞轮，我觉得这个词也就活在了跨年的那天晚上。因为这个词和"长期主义"一样，太抽象，能理解但不值得传播。各位，记住我说的是"不值得传播，而不是不能传播"。

在营销圈里的造词高手，我第一佩服的是吴声老师。他写的《场景革命》和《超级IP》对我的影响很大。这个"信用飞轮"用的是顺丰小哥的案例，背后的逻辑依然是人性化服务。我觉得可以的，我信了。信用是所有商业合作的基础，如果没有信用，做的都是一锤子买卖。

3. 傻，也是老板必备的心态

小事难得糊涂，大事不能失误。

做员工的时候，我总是讨厌被管着。现在呢，我自己还是讨厌被管着。心态好，不一定是脾气好。我觉得我现在还不算创业，只能说是自由职业者，换一个词叫"单干"。所以在这段时间里，我似乎脾气比原来大了不少，但是很少骂人，也很少生气。因为我懂得，好心态，能换来好结果。

创业过程中，你一定要微笑面对所有的变化与结果，如果你不行，就试试调整自己，如果调试了还不行，那就想想是不是该选择回归打工了。

我希望我这种"傻呵呵"的状态，能让我继续陪着我的客户们走下去，让他们活得更好，我也能挣到钱。

如果你问我，我是怎么保持这么好心态，我的回答是，"玩！"

用玩的心态，去工作。用玩的心态，去讨论。用玩的心态，去沟通。用玩的心态，去服务。

但不要用玩的心态，去创业，否则，你会很失望！换句话说，在工作的时候，你会看到我很认真的一面，这也是大家愿意跟我合作的理由之一。

个人认为，傻可以翻译成真诚。我是一个真诚的人，喜欢跟别人掏心窝子地诉说自己的内心世界。只有别人愿意走进你的世界，你才有可能走进别人的思想中。家人总教我"人要懂得吃亏是福"。我已经吃了很多的亏，未来还会继续吃亏，但是我坚信好人会有好报。

我自己的团队里，很少有惩罚机制。我总是在管理层面上装"傻"。而这种"傻"，有时让我获得更多下属的"拥护"，但同时也给公司损失了不少原本可以赚来的钱。

老板很多时候在某些方面特别"精"，但在其他方面还都挺傻的。老话说，"傻人有傻福。"如何让老板在"傻"的状态下，还能不耽误事儿呢？我觉得应该先去了解什么是心眼儿。因为你想多了，是小心眼儿；想少了，是没心眼儿；一直想，就是死心眼儿；要是真不想了，那就是缺心眼儿。

我给老板一句20个字的箴言，"我做你看，你做我看，我再做你再看，你再做我再看。"怎么理解这20个字呢？我来举个例子。

使用方法就是，"追问问题"。

假设，我们给客户提供了服务内容和报价，但不知道对方到底有没有看到。我来给大家还原一下微信的对话。

假设场景一：

乙方："方案和报价您看了吗？"

客户："看了看了，你们的还不错。"

乙方："咱们总监怎么说呢？我们这次准备了不少新案例和新资源。"

客户："他说 OK 的，等预算确认了，就立马通知你们，等好消息吧！"

乙方："谢谢您对我们一直的认可，那我就等您邮件喽。"

客户："OK。"

这样的对话是不是很熟悉呢？大家说说你的感受是什么，有没有真话？有没有问题？这次沟通效率如何？乙方的对接人也许比我讲得好，接下来我来示范一下我的版本。

假设场景二：

我："您好，真是抱歉，我昨天晚上 11 点 27 分发过来最终版的报价和方案，不知道您查收了没有？"

客户："看了看了，你们的还不错。"

我："谢谢您，我已经把您上次开会提到的视频和创意部分调整了，也标黄了，价格从 30 个亿优惠到您总监强调的基础预算 28 亿，这样也方便您跟领导汇报，不知道您觉得这样可以吗？"

客户："他说 OK 的，等预算确认了，就立马通知你们，等好消息吧！"

我："好的，您方便跟我说一下，大概什么时候方便能回复我呢？报价单里有几个供应商的报价会些微调，如果能在本周签署年度框架，可能还有享受相应的新的优惠政策。特别是视频脚本和演员在未确定之前，我们执行团队的同学还要跟影视服务商最后碰一下。基于以上内容呢，我希望您能在本周四下班前给我一个反馈，您微信电话我都行，这样我能第一时间告知执行团队，保障项目的进度，也不会耽误整体服务的质量。"

客户："是吗？有这么麻烦？那我们再跟总监确认一下吧！"

我："您现在时间 OK 吗？我可以给您打个电话吗？因为方案的 b 计划我们刚才也写了一版，我个人觉得很不错，想跟您沟通一下，如果 a 方案不行，我们也有补救和应急策略，您看呢？"

客户："我现在开会，微信留言吧，稍后回你。"

我："好的，关于整个方案的投放策略我们也考虑到咱们公司最近在跟 b 站合作，我们的创意总监想了一个有点偏二次元的新点子，内容是……"

客户："这个我也考虑一下，下班前回复你。"

我："好的，我们还会努力把方案 a 的其他挑战想清楚，减少我们的执行风险。您先忙吧，我会在今天晚上 7 点 15 左右，在邮件和微信上同步一下我们的项目进度表，有什么新的想法，我随时跟您沟通。手机号：138××××××××，方便您找我，辛苦了。"

客户："OK。"

我："谢谢。"

最后我给你一个沟通的四个基本原则，或许能提高你团队的工作效率。

第一，调整信息透明化。做到企业内部信息透明，先降低沟通的时间成本。

第二，懂得学会多倾听。理解员工要表达的内容，再增加多视角的感知力。

第三，掌握表述与概括。突出小细节描述要宏观，反复确认事情本身进展。

第四，复盘结果找方法。完善流程和优化工作表，避免老问题的再次出现。

4. 老板的使命，要做领头羊

不是每个人都有颗创业的心，因为有些时候，真的很孤单，有些时候，需要很大的勇气。如果说"70后"创业靠的是实力，那我觉得"80后"的兰兰，肯定靠的是情怀。兰兰大名兰亮，是我创业路上的好兄弟，是具有设计师能力的老板，有冲劲儿，也喜欢冒险。

我曾经无数过问他，如果用一个词来形容创业，应该是什么？他的答案几次都没有变过——"自由"。在他的公司，大家都是兄弟姐妹，没有所谓的上下级，没有必须的上班下班点儿。这也许是他做公司的原则吧。他在业务上，很少束缚大家的思维，即使他根据客户的需求做，也会让团队的小伙伴们去自由发挥创意和灵感。

兰兰说，7年前，他创业就是为了"自由"，为了让自己的生活更舒服点，为了不让"灵感"再关在笼子里而抓狂。我也反问过他，"你创业怎么会有自己的时间？是不是会更忙了呢？"兰兰回答，其实他开始会很自由，但是公司一点点发展和变大，他尝试不把工作状态带回家。他和女朋友在公司养猫、做饭，生活没那么枯燥。

我跟兰兰认识的时候，他开始研发设计一款电动车——摩灵。兰兰的团队都很拼命，我每次去看他，小伙伴们不是在加班，就是在去台州出差的高铁上。公司的几个兄弟，每天都在为车的外观、结构、颜色、卖点等思考。我很幸运，也加入了这个团队，帮大家一起想了一些好玩的卖点和产品定位。

我们这批"80后"，小时候玩具还不算匮乏。但是我们长大后，似乎除了老婆孩子，没了别的爱好。有的人将军肚出来了，有的人发际线开始向后移。

我们这代人都玩过一样东西，叫作"四驱车"。四驱车，是我们儿时大街小巷都能看到的男孩玩的专属产品。这种车的火爆，是因为一部日本动漫《四驱小子》在中国的热播。遥想当年，我们这批人都是由于 IP 的影响力，才变成了买产品的人。比如变形金刚，比如圣斗士星矢，比如灌篮高手。

我跟兰兰说，我希望摩灵的首批种子客户，是我们这些"80后"的男性。我们对电动车不是很陌生，对"四驱车"肯定有情结。过去我们自己买玩具，现在我们开始为孩子买玩具。只要摩灵能唤醒我们喜欢玩玩具的心，就一定能把我们的消费力转化。

除了我们对玩具的"收集情结"，还有一个就是"改装"的卖点了。DIY 已经流行很久了，每个年代的人都喜欢与众不同的产品，来展现他们不同的性格和品味。摩灵在兰兰设计的初始阶段，就把换壳的理念注入了进去。每个人都可以彰显个性，我也赞同他的观点，有时候因为一个有特色的颜色，就能打动你的客户买单。

除了玩具的理念，除了 DIY 换壳，兰兰还把用户最大的充电问题考虑进去了。电动车之所以没有普及，主要原因还是因为没有足够多的充电桩。如果他可以把充电桩的问题搞定，他的摩灵一定能做成爆款。兰兰跟摩灵的资方沟通，尝试在一些城市布局"换电基站"，让用户体验达到最佳状态。其实吧，电动车在我们这代人眼中，应该是送外卖和送货的标配。但到了 2015 年，有一个众筹上的品牌叫作"小牛"的出现，颠覆了现在的电动车市场，与此同时也改变了我们的认知。

我曾经听过这么一句话，现在的产品，应该用互联网的思维重新做一次，或许世界会变得更不一样。兰兰就是这么一个有想法的老板，他带着我们整个团队，开始重新定义高端电动车。我原来认为电动车仅仅只是交通工具，但每当我看到摩灵的样子，都会被它的外观所征服，毕竟他的设计获得了德国的IF大奖。

摩灵表达的就是自由。而这种灵动的感觉和自由的组合，让我真的觉得，我应该有一辆属于自己的电动车。兰兰曾经问我："满铮哥，你觉得我开汽车和开电动车带女朋友，会有啥区别吗？"我回答是："一个是更安全，一个是酷吧？"兰兰的回答却让我出乎意料。他说："满铮哥，开汽车是两个人并排坐，骑电动车是前后坐。"我追问："左右可以拉手，前后又怎么样？"他回答："自由和亲密感。"

我起初还不理解，后来随着他慢慢地讲述，我确实有了画面感。假设一对情侣吵架开车回家，那就是你开车我坐副驾，一个脸向前看路，一个脸默默看窗外。如果相互不妥协，就算在封闭的空间里，其实也是两个世界。但是如果两个人在骑电动车，一旦有了速度，坐在后面的女朋友肯定会下意识地搂着男友的腰，这样亲密感自然会提升。其实一个拥抱，要比道歉更管用。一个牵手，就很快地进入对方的世界。现在的兰兰比我一年之前看到的他，更释然了，更懂得自由的真谛，同样也更知道如何爱他的团队了。

第四部分

培训

我是营销翻译器，唤醒企业学创意

培训是一门手艺，道理需要推敲。

我看了几年线上培训的变化，也关注知识付费2年多了。玩过荔枝微课，刷过喜马拉雅，建过知识星球（原小密圈），各种大大小小的知识变现的APP都关注了一圈，能露脸的都露了。那些太大的平台，像得到和罗辑思维我确实不敢想，毕竟一年收大家19元也好，199元也好，我不落忍啊。

有人问我："金老师，您除了众筹，到底还擅长讲什么？"我的答案每次都差不多，"段子吧。"我知道大家都爱听我讲段子，因为我讲东西很有画面感，还自带肢体语言，特别是有模仿部分，让大家很容易记住内容，掌握各种"姿势"。

线上真的是有太多的途径学习知识了。一线城市的"知识焦虑症"太多了，不论是创业者还是企业员工和高管。那回头看看线下，现在又是什么样子了呢？据我了解，很多培训还是沿用着好多年前的内容，更新相对少。刹那间，我感觉有一个新的机会摆在我的面前。我想选择在传统的培训之路上，逆水行舟，做点不一样的培训。

提到培训，必须理解两个词，"沟通"与"表达"。我认为好的培训，按培训效果导向可以分为三种境界。第一种，你把你的能力告诉别人，俗称吹牛。第二种，你把你的能力教会别人，俗称育人。第三种，别人把你的能力教会其他人，俗称布道。

接下来，我用三个问题，解释一下如何理解沟通与表达。

问题一：你会下象棋吗？

大多数男孩，从小都会接触棋牌类的玩具。对不玩象棋的人来说，提到象棋脑子里先联想到的应该"车马炮"吧？那我们试问，一个会下象棋和一个不会下象棋的人，分别去摆棋盘，他们用的时间会差多少呢？

会的人，可以随意拿起任何一个棋子，三下五除二就能搞定，应该不需要刻意地去背什么顺序或规则，这可以理解为一种下意识的动作，熟能生巧。那反过来，不会下象棋的人呢？我猜顺序应该是，先问会的人或者上网查询。等看完摆放的标准，就按照方法做，可能是从摆五个一样的"兵"或"卒"开始，接下来放中间的"帅"或"将"，再接下来可能是摆"士"或"炮"，也可能是"车"。总之会按照一定的顺序，或者按照"对称"原则做下去，也或者把一侧先摆好，再摆另一侧。当大家面对同一个问题的时候，由于每个人掌握的熟练程度不同，会的人把事儿当常识，轻而易举去做；而不会的人把事儿当知识，费尽心思去做，还不一定是对的。

问题二：做鸡蛋西红柿汤，你需要几步？

有人说是6步，也有人说10是步，还有人说要更多步。到底是多少步呢？

我曾经在网上找到过一个版本，首先要准备食材：西红柿两个、鸡蛋两个、精盐、食用油、鸡精。

西红柿鸡蛋汤做法的详细步骤：食用油2匙，放锅中大火加热到八成热，加1碗凉水。西红柿洗净切薄片，水开后放入。鸡蛋打散，放盐搅拌均匀。水开后放入鸡蛋，稍加搅拌。碗中放少许鸡精，等一分钟左右汤出锅盛入碗中。

如果让你说，应该是多少步呢？我猜大家都会有自己的判断与答案。补充一个知识，对一般人来说，凡事能归纳到5的正负2的个数的时候，都是比较容易被记住的。

比如，如何提升穿衣品味，只需轻松3步。是不是大多数人会更有兴趣去学呢？但如果你说提升穿衣品味，总共12步，别人还会有兴趣看下去吗？答案是有点难了。但如果真的是12步怎么办呢？有可能合并不？有就去合并。不能的话，可以换个表达方式。再比如，提升穿衣品味只需3步，每步有2个注意点，而每个注意点有2个小诀窍。如果这么表达，你听了之后感觉如何？是不是并不复杂？但实际上粗略算一下，3步乘以2个注意点再乘以2个小诀窍，最后还是12步！

第二个问题说明了什么？当听者是好学的"小白"，我猜他们会记录你所有的步骤，然后去实操，如果是正确的话，他们会认定你是实力派。但万一听者是"坏坏"的老司机呢？我猜他们同样会记录你所有的步骤，然后去拍砖，如果你有纰漏的话，那后面的结果就是抬杠。

问题三：如何写好一篇800字的小学作文？

写一篇题目叫作《兔子》的文章，你会怎么思考呢？对于成年人来说很简单吧，不过你当年是怎么起笔的呢？好多小朋友的第一反应肯定是写不出来，或者写的没有逻辑并且无趣。如果我问你，当你听到兔子这个词的时候,你能联系到什么呢?我觉得大家的答案应该是千奇百怪的吧?!

如何写好一篇有意思的文章呢?我觉得可以按照刚才的思路展开成3步。

首先,把关于兔子的所有关键词列出来。比如:兔八哥、玉兔、流氓兔、兔头、灰兔、长耳朵、安哥拉、属相、守株待兔、龟兔赛跑、兔子不吃窝边草、兔子急了也咬人等。

其次,我们按兔子的基本属性,按故事形象,按成语歇后语等多种方式,把所有的内容进行分类与整合,把无效信息逐个剔除,留下有价值的内容元素。

最后,把每个内容元素按照一定的表达逻辑重新排序,按照他们可以表达的思路,写成文章。

说来说去又是3步,是不是变得简单了呢?这是做事的一种方法,先发散想法,再寻找事物之间的关联,最后用逻辑表达出来。我总结了3个词:展开、归纳、输出。

三个问题问过来,你发现了什么道理呢?有的时候需要我们补知识,有时候需要我们总结规律,有的时候需要我们掌握方法,不论怎么说,一定要有办法才能搞定问题。我从来不担心有问题,我就怕自己发现不了问题。

一、"你"的问题有多少？（消费者端的思考）

1. 你的品牌营销，"90后""00"后会买单吗？
（消费者现状分析）

当我第一次听到"90后"这个词的时候，我脑子里的反应立马是，"90后"一定是针对"80后"说的！作为"80后"的我，"90后"在我眼里是"小朋友"。"00后"被大家称为千禧一代，那就是"小小朋友"了。不论是"小朋友"还是"小小朋友"，他们都是中国的第一批移动互联网原住民。如果你想了解"90后"的表达，我推荐你去看一本叫作《95后热词》的书，保证40分钟就能掌握他们的语言逻辑和体系。

为什么叫移动互联网？原因是他们上网可以不用笨重的PC（台

式电脑）设备，可以通过手机，获取互联网所带来的价值与便利。那什么是原住民呢？就是他们不像"70后""80后"被迁徙到互联网，他们"出生"就在互联网，当不知道答案的时候，他们会下意识地问"百度"。这是纯互联网的生长环境，故此称他们是原住民。

移动互联网原住民，有着很明显的三个特点，他们的特点同时衍生出三个奇特的需求。第一个特点，就是他们在互联网上渴望关注与保护。他们毕竟还年轻，有的孩子还未成年，不会主动攻击别人，精力更多地放在互联网的学习和娱乐上，并且用他们的方式感受这个世界。第二个特点，他们渴望表达真实的自己。他们有QQ，有各种好玩的论坛账号，也可以玩成人世界的微信朋友圈，了解支付宝，了解百度外卖、高德地图，以及陌陌和抖音。据我了解，我身边很多"75后""80后"的父母，都在跟我抱怨，"我家孩子比我玩抖音玩得溜！"第三个特点，他们其实更渴望与整个世界连接。喜欢"你不知道而我知道的"知识与内容。他们会把自己的账号绑定为一个，统一登录在各大网站和平台，去探索。

如果你对他们开始有点了解了，那接下来的问题就是，他们更需要什么样的品牌产品呢？我的个人答案是要具有三个特点。

第一要个性化，不能太"俗"。他们不喜欢同质化的东西，"DIY"的模式是他们的最爱之一。第二要可创造。能把自己的想法融入产品里，哪怕是包装，哪怕是一点点元素的注入，只要是属于他们的个性，那就OK。第三要能表达。他们是活在网络的，如果品牌的产品不值得"晒"，那也一定不是他们钟爱的内容，"社交货币"的概念就是这样产生的。

"90后"的崛起，将成为网购主力军。

据腾讯2018年的数据反馈，"90后"目前网购的九成都是在手机上操作的。为什么基本上都是在手机上操作的呢？答案很简单，首先是"随看随买",不需要被空间所限制,可以不化妆,躺在床上,泡在马桶上,就把自己喜欢的东西买了。其次是价格比线下更便宜,有优惠。第三就是体验更好,每次买东西都可以被"亲"来"亲"去,感觉很舒服,包邮到家。最后一点是支付变得更简单了,只要绑定自己的工资卡到微信或者支付宝上,手指一按,"买买买"搞定。

数据还告诉我们,他们平均每个月会把收入的1/4花在网购上,频次不低于3次,每次购买产品的价格区间是100—499元。最后一个总结是,他们购买最多的三种品类是个人护理、服装配饰和食品饮料。

他们对网购最大的贡献是什么呢?答,把国内的电子产品拉到一个新的品牌高度,比如手机就是他们最爱的电子产品之一。现在,国内的手机品牌已经渐渐大牌化了,感谢vivo,感谢OPPO,感谢小米。

对于"00后",我的解读相对聚焦在消费心态上。

"00后"不是真正的意义上的主力消费者,但他们可以培养品牌意识。他们已经被"75后"的父母开始影响了对品牌的意识。"00后"对品牌的消费心态又是什么呢?

在我看来,好的品牌首选一定要有信念与内涵。首先"00后"深爱着他们的偶像,同时也会小心翼翼地提防KOL的"安利"。"00后"会被他们的偶像所影响消费某种产品,但不会轻易被一些主播和网红所左右他们原本的选择。其次,他们更愿意为自己的喜好和兴趣去买单,可以是偶像拍的电影,手办人像,甚至游戏周边。第三,他们喜欢在社交媒体发布他们购买产品的感受与内容,比如吐槽某款游戏。最后,他们会越来越觉得国内品牌和国际品牌已经没什么差异，只要喜欢，买谁的都一样。

新时代，新营销，我们需要新渠道和新方法。对于"90后"和"00后"，营销人应该做出什么样的变化来重塑品牌方的形象呢？我的答案是四个"引导"和四个"增加"。

品牌对"90后"应该做到四个"引导"。

（1）从生活需求引导到品质需求。大多数"90后"不喜欢同质化的产品，希望产品本身能给他们带来精神上的满足感。（2）从功能需求引导到兴趣需求。例如，我们会发现很多"90后"买限量款运动鞋已经不只是为了运动，而是转变为收藏。（3）从个性需求引导到社群需求。社群的概念会把更多的喜欢某个领域的人群连接起来，并且产生裂变和不可预估的影响力，想想b站，想想游戏行业吧。（4）从利益需求引导到价值需求。买水喝是解决口渴，但是如果是为公益事业做贡献，"90后"也会很积极地配合与参与。

对"00后"的品牌输出应该更接地气，不妨尝试做到四个"增加"。

第一个增加是在品牌塑造上增加内涵和偶像力量。"00后"也会"爱屋及乌"，如果你的品牌捕捉到他们喜欢的信念、内涵、偶像，那就是好品牌。第二个增加是让品牌在他们喜欢的领域增加绑定。"00后"大多喜欢二次元、游戏等，如果把喜好的内容与品牌相结合，那品牌营销就是锦上添花。比如上海大鲨鱼队为啥在2016-2017年赛季更名为上海哔哩哔哩篮球队？第三个增加是让品牌在社交媒体上增加交流。这一点我不得不提微博上的老牌网红品牌杜蕾斯，它们让太多的人懂得品牌社交营销的重要性了。学会人性化的设定，在媒体上与你的消费者对话。试问，杜蕾斯真的是想在微博上把产品卖爆吗？我的答案是，不是，它是为了抢占消费者心智和品牌的市场认知。第四个增加是让品牌增加中国元素走向国际市场。千禧一代开始重新被传统中国文化所洗礼，中国文化元素已经在开始流行了，想想当下的国潮运动品牌李宁。

2. 你的密码通常是什么？（消费者使用习惯）

数字对人类来说意义很大，它既是记录的载体，也是一种呈现各种内容的形式。当你想到数字，立马会联想到什么？我先说说看，账户上的数额、比赛的比分、考试的成绩、音乐的简谱，等等。

我最近几年一直被一个事情所困扰，那就是密码。我不知道你们都有什么密码，密码都用在什么地方，而这些密码你多长时间就会忘一次呢？

我的答案是，我的生日当作密码；家人生日的组合当作密码；我的名字的拼音缩写当作密码；我的名字的拼音全写当作密码；我的身份证号最后 6 位数字当作密码；太太经常用的密码。

还要有一些 APP 的密码要求是数字加大小写英文，我会选择把我的姓氏的某一个字母变大写外加我的生日或者电话号码。不论是怎么组合的密码，我一般应用的地方都是银行卡、社交媒体账号、邮箱、APP 等。不过我很感谢微信，因为微信的出现，带来了一种登录方式，叫作"第三方登录"。腾讯真的是把互联网思维用到极致的公司，为了用户的操作，提升体验感，这种做法那真是非常好。

最后一个问题，我觉得也是最搞笑的一个，就是我是一个不定时高频次忘记某些密码的人。永远记错的密码是苹果账号的密码。苹果账号我总是记错，因为它的要求很高，大小写，数字串，我每次都会忘掉然后再重置。

我经常忘掉的密码是QQ密码。自从用了微信，我就很少用QQ。但是QQ发文件是十分方便的，微信有自己的限制，超过30MB的就会有麻烦，所以逼得我不得不重新启用QQ。QQ我一直是用手机登录，PC端的密码我都忘了，导致我曾经在一个月内修改了3次密码。我现在记住了我的QQ密码，我也提示一下自己，是"我儿子的那串密码"。

经常弄混的密码是银行卡的密码。银行卡的密码一般是6位数字，比较简单，但又不建议用自己生日。所以我每次都是把我家人的生日组合当作密码，比如岳父岳母生日组合，我和太太的生日组合，儿子的生日，我自己的生日，这就是四组数字了。

提到数字，提到密码，我不知不觉总是能想到"手机"。提到手机我必须吐槽一个手机的使用问题：每次换手机号，就是一场信息更新的"灾难"。最大的苦恼各位估计也都遭遇过，比如通知大家换号了，比如去重新调整话费套餐，比如要重新记住自己的号码，再比如去各大需要"报备"的"衙门口"更新信息。什么银行的预留号码，什么APP的绑定号码，什么社交媒体的绑定号码，真心太多了，我数不过来。

不过很多人不换手机号，我也总结过一些原因：第一个是感觉太麻烦，第二个是号码很有感情，第三个是某些手机号显得很高端，第四个是有特殊意义的手机号更不容易轻易换掉。

很多时候我们都会说，培养一个好的习惯很重要。之所以很多消费者不愿意换手机号，就是讨厌麻烦。那我们就要借用消费者讨厌麻烦的心理，去研究如何深度挖掘客户痛点，提炼消费者想要的产品卖点宣传。我通过给中国联通培训，了解了一下"腾讯王卡和"冰激凌卡"（大冰神和小冰神）的卖点。真的是为我这样重度移动互联网用户发了个"大福利"。这些卡的出现，其实解决的就是客户在使用腾讯系 APP 的细分市场里，玩游、看直播、刷网剧、听音乐等情景下，流量不够用的问题。联通的手机卡策略，其实就是在满足了消费者真实需求的前提下，又深度绑定了消费者的使用偏好，一箭双雕。

3. 你的品牌真的会"撩"吗？（消费者人群定位）

2018 年，我发现李宁从普通运动品牌，一下子变成了中国潮牌运动品牌，但这是为啥呢？我的答案很不官方，但是很接地气："中国李宁"再次登陆巴黎时装周，帅到"炸"，李宁重新在国人面前做了一次品牌定位。

说到李宁，我觉得品牌的几次转型有成功的，也有失败的，但这次的潮流范儿逆袭国内市场，确实很成功。在我看来，所有的服装品牌也好，化妆品品牌也好，总是在跟随潮流和为目标客户深度服务之间徘徊。所以，用一句金老师经常说的话就是：你的品牌，到底是"卡"年代，还是"卡"年龄？

"卡"其实是"卡位"，是篮球中的一种术语。（在篮球比赛中，进攻人运用脚步动作把防守者挡住自己身后，这种步法叫卡位。）所谓"卡"年代，就是不论品牌的产品是什么，都要先服务忠实的粉丝，主流的客户，不会因为价格、调性、潮流等外部因素的变化而变化。

打个比喻，如果我的产品是休闲服装，主要服务"80 后"的消费者。那么 10 年前,"80 后"的消费者当时是职场新人,品牌的定位可能是性价比,可能是一线品牌,可能是潮流。但是 10 年后的今天,"80 后"已经为人父母,主要的消费从个人转移到了家庭,从自己延伸到了孩子,品牌可能聚焦在品质、口碑、社会阶层、身份认知等。而 10 年后,他们可能开始考虑父母的医疗、旅游、住所、养老,以及孩子的教育、出国、移民等问题,那品牌更要考虑诚信、保障和收益。

讲完"卡"年代,继续说"卡"年龄。说到年龄,我要表达的是,用户的年龄特点不变,但是个性表达会有很大的差异。同样是 25 岁,"75 后""85 后""95 后"在审美和价值观上肯定会有很大的不同。

如果是"卡年龄",我觉得就要看每个 25 岁的人,到底在什么渠道或者线上流量进行营销。我不会把产品功能的表达看得过重,因而用什么 APP 和广告展现中的语言文字就显得尤为重要了。

"卡年龄",假设品牌主不换跑道,都追头部流量的传播与营销,那换的一定是表达。也许现在 25 岁的人喜欢抖音,可能 5 年前,25 岁的人喜欢刷微信订阅号,未来的 25 岁的女人买东西是不是会选小红书,男人必选京东众筹了呢?不好说!

我在上一本《众筹很盲》的书里曾经提过一个话题,"你的孩子穿 GAP 吗?"是的,每个消费者随着年龄的变化,面对的问题可能也会改变,但是消费者的心理不会变,都是喜欢买好的,买对的。那通过不同年龄的人喜欢的文案和表达方式,进行二次包装营销就好了。

我曾经问过很多人,同一款面膜,面对 20 岁的女人,30 岁的女人,40 岁的女人,50 岁的女人,你的广告语和产品能解决客户的目的是否也要相同呢？我的客户曾经告诉我说，所有的女人都喜欢漂亮和年轻，我很赞同这个观点，但是选产品的初心也会有差异。

同样一款面膜，20岁的女人需要它保持漂亮的状态，不一定要展现她年轻，因为年轻就写在她的皮肤上，水嫩有光泽；30岁的女人需要它锁住年轻和自信；40岁的女人需要通过产品本身的作用和品牌的实力，展现她对生活的追求，保持年轻的状态；50岁的女人选用的面膜可能只是她女儿淘汰给她的一个"快销品"而已，用什么品牌也不关注了，效果的考核也变得没那么重要了。

4. 你的产品够高端吗？（消费者动机）

大多数有些想法的创业者，都愿意做高端消费者的市场，那我想反问一个问题："到底什么是高端消费者？什么是高端产品？"

我前面提过消费降级了，我觉得大多数老板嘴里的高端消费者，应该是现在的中国新中产阶级，可能是有房有车有孩儿的一代，或许是"75后"到"85前"。那他们到底会消费什么？他们的选择到底是以家庭为消费单元，还是以个体为消费单元？不管是什么吧，我个人觉得他们这些所谓的"高端消费者"需要解决两个底层需求问题，一个是男人的认知焦虑，一个是女人的情感焦虑。

男人的认知焦虑大多是，为什么别人的公司比我运营得好，为什么别人的孩子比我教育得好等；女人得焦虑大多是，我的老板还欣赏我不，我的儿子还爱我不，我的老公还爱我不。

如果你的产品能解决他们这些七七八八的问题，你就能归属到高端产品行列中。那高端产品是什么？高端是价格高，是品质高，是进口货，还是什么？很多事情都是相对的，高端不一定和价格挂钩，但是会和消费者群体有关。

如果我现在问你，高端的香烟，你第一时间会想到什么品牌？我猜80%的人会说，"中华！"我问大家一个问题，"你如何把中华烟卖给一个"95后"的女孩？"

我来说说我对这个问题思考的过程。首先，我用这个问题问过我"90后"的助理欢欢。她给了我三个假设：第一种假设是，中华出爆珠款，她可能会买；第二种假设是，中华改变现在的包装，她可能会买；第三种假设是，中华调整现有价格带，她可能会买。

如果中华能做到，大伙儿觉得"95后"的女孩会不会买呢？我的答案，可能买吧。但是中华会不会调整呢？我的答案，应该不会吧！那在不调整现有产品的情况下，怎么把烟卖给她。

把思维重新梳理一下，我的问题里有没有说，"让'95后'自己抽上？"如果没有的话，是不是只要找她买的动机就好了。那中华烟到底是自用的多，还是送礼的多呢？我觉得是后者的功能大于前者。所以说，我只要把一个送礼的需求放大，她就有可能买。

这个道理很简单，类似于"把梳子卖给和尚"的案例，只要把产品和售卖目标找到，用改变诉求点的方法，就能让一个原本不太会买产品的人下单！因此，弄清消费者的购买动机，就成了我们考虑的第一个课题。在这里给大家讲一个我儿子报围棋课的段子。

儿子到了4岁的时候，太太想让他学习围棋，可是如何选择一个合适的课程呢？

培训机构给了我们三个选项：

第一个是4600元，学习20课时，如果报名，可以优惠1000元，折后价平均180元/课时。

第二个是 19800 元，学习 140 课时，如果报名，可以优惠 2000 元，折后价平均 127 元/课时。

最后一种是 25800 元，学习 220 课时，如果报名，可以优惠 3000 元，折后价平均 104 元/课时。

培训机构当时还给我们一个承诺，就是在四次课内，只要孩子不想学了，可以无条件退学费。这样的条款确实打动了我和我太太。但问题来了，我们作为孩子家长，该如何选择呢？家长的动机其实很简单，我们只是想通过学习围棋，拓展孩子的思维，从某种意义上来说不一定要有所谓的学习结果。但当我准备去报名的时候，却被太太的一串串微信语音给说糊涂了。在太太的认知世界里，孩子学习是不应该过分考虑投入产出比的，因为谁也不能很好地看清孩子到底是否喜欢，是否能坚持。

第二，孩子在学习任何一门课程的时候，大多都是家长强迫安排的，所以孩子在某些层面上只是被动地接受。最后一个问题是，即使家长起初是以"拓展思维"的心态尝试给孩子报班，但是实际的心理预期是有"销售结果"的。简单地说，孩子通过学习围棋，有没有注意力的提升，有没有对事情的判断能力，有没有对输赢的心理承受力，等等。

简单地说，消费者在消费或者选择某种产品或者服务之前，可能说出的"销售结果"是有标准和预期的，而不是我们简单地认为只是尝试。如果是尝试，消费者会选择观望使用体验品。一旦在选择具体产品的时候，价格会变得敏感，目的会变得敏感，包括最后的呈现和交付的内容前后对比也会变得更敏感。

我渐渐地发现所有培训的"体验课"，都会派出最好的老师，讲最好的内容，包括用最好的环境让学员感受课程服务，这样才会在最多的时间内打消消费者"不买"的心理障碍。因此，品牌如何能通过大数据和消费者行为习惯，很好地捕捉消费者最真实的动机，就变得尤为重要了。

5. 你的数据可以造假，粉丝大家都别怕（消费者数据）

我作为一个年轻的互联网营销人，总觉得有些事好说不好听，但大家都在默默地做，我们也不能改变什么。吞吞吐吐不是我的风格，那我就借用环时互动老金的一句名言，"一切以粉丝数量衡量的微博都是耍流氓。"不知道这句话，如今大家听了之后是否有新的认识，反正我会始终不变地认为：粉丝很重要，但是关注点应该从数量转变到质量。"

2017年的12月30日，我在朋友圈发过一条内容，大概的意思就是解释，我为了提升自己的有效社交，硬生生地把不到5000好友锐减到1000多人。很多人不理解我，觉得做营销的为什么要删人。我的答案很明确，因为有些好友在你的朋友圈，仿佛不存在一样，有些人虽然好久不跟你说话，但是到了你生日都会给你发红包。

当企业在一味追求涨粉的时候，你会发现有一个灰色行业出现了——"水军"公司（造假数据的）。有些时候企业主或者广告公司为了某种营销效果，用这种方式去做"虚假繁荣"，既糊弄了平台，也糊弄了终端消费者。

做互联网的人都知道，做数据很重要，没有数据就不能变现。而做数据的前一步是做内容，做内容的前一步是做营销，做营销的前一步又是什么呢？我的答案是做运营。那运营是靠创意，靠产品，靠技术，还是靠口碑？我个人觉得是靠流量。如果你没有流量，后面的一切都别想了。

什么是好流量？什么是有价值的流量？

我个人觉得所有有活跃用户的都是好流量，所有有活跃用户能提供 UGC（全称为 User Generated Content，也就是用户生成内容的意思）的都是有价值的流量。我的朋友圈就是我最好的流量，而每一个跟我互动的好友，都是有价值的流量。那你会不会问我，如何涨粉和粉丝留存呢？我今天就先说说我是怎么涨粉的。

第一，做内容。我是一个段子手，每天都在朋友圈写段子，发段子，讲段子。比如用好看的图片，用好玩的文案，用抖音拍摄，用喜马拉雅录音频，用订阅号发文章，但是如果你不是像我一样的段子手怎么办？可以向农夫山泉的广告语学习，"我们不生产段子，我们可以做段子的搬运工。"去用一双慧眼，去发现内容，做二次加工就好。

第二，做黏性。我会持续在朋友圈里跟大家互动，给大家点赞。我说过："一方有难，八方点赞嘛。"即使我没有天天给大家发红包，我也要把"社交货币"的价值用到极致。俗话说，在朋友圈刷存在感不一定有用，但是不发肯定不行。我的建议是每天的发朋友圈不低于 3 条，而最好的爆发时间节点应该是晚上 10 点到 10 点半。

第三，做转化。如何让大家转化成我的学员，成为我的读者，成为我的客户，成为我的朋友？用工具和渠道呗。首先，我会时不时发些有意思的 APP 和小程序，或者 H5 来帮大家解决一些问题。我推荐几个小东西，比如 APP 里的"毒物""亲宝宝""KEEP""墨迹天气"；比如小程序里的"挑战方言""航旅纵横"。其次，就是选择用有效果的工具"微信红包"和最好用的渠道"微信群"。因为我一直相信一句话，"不跟你合作的人，要么是心没给够，要么是钱没给够！"

二、"我"的五湖四海有知识

1. 长沙,趁着年轻,尽情欢笑

人的一辈子,快乐一天,不快乐也一天,那你打算怎么过好每一天呢?我的答案是,"累了就睡觉,起了就微笑。"

我来过两次湖南,第一次是和我师父苏然,朋友明伟请我吃了一只"不怎么辣"的小龙虾,就把嘴吃到"挂了"。而这次临走前,我吃了人生第三次湖南"不怎么辣"的小龙虾,半只嘴就又挂了。说明了啥?我是一个脾气好,胆子小,有爱吃小龙虾的心,但没有吃"不怎么辣"的嘴!在湖南真是不辣不欢!

那次培训的对象是国内知名的主题旅游公园品牌——方特。方特,我原本对它的认知很少,原因是我去过北京的欢乐谷,去过香港的迪士尼，唯独没有去过以布局在二线城市为主的主题乐园。他们起初在公园里启动了自己的吉祥物形象进行营销，但是效果平平。

直到后来，他们把自己企业中另外一个大神级的IP——《熊出没》放到乐园里，才取得了好效果。《熊出没》中的熊大、熊二和光头强，是很多小朋友喜欢的卡通形象，也随之增加了很多的客流量。也正是因为客流量的增加，方特遇到了一些线上营销的困扰。我去株洲给他们要讲的课题是"如何增加大众点评的好评呢？"

如果你是做服务行业的，肯定也有这样的问题与苦恼吧。在国内，主题乐园真的有很多品牌，谁能把服务做到优质，谁就能获得更多游客的认可。好吧，我说说我的思路，增加好评只需三步！

第一步，在社交媒体上，找反馈。

第二步，在好流量上，做交流。

第三步，在大众点评上，补好评。

分别解释一下：

第一步，在社交媒体上，找反馈。比如可以搜抖音，可以搜微博，可以搜团购等各种论坛渠道，看到有说方特好的，有照片、文字、视频的，去"确认眼神"，找会对的人。因为这些大量的数据告诉我，好评的机会有很多，只是消费者没有把内容放在大众点评上而已。

第二步，在好流量上，做交流。意思是说，找到质量相对高的内容后，可以在流量上可以做活动，将消费者引流到大众点评。很多人会在大众点评上写下留言，或者在自己的QQ空间写下感受，发照片，再或者在马蜂窝攻略上写游记。作为方特官方的运营人员，要跟游客进行友好的交流，或者直接在大众点评上发布好玩可参与的活动，让内容迁移过来。

最后一步，我叫它捡"好评"！因为这些内容都可以呈现在大众点评上，那为什么不让他们再发一次呢？如果不发就是方特给的利益点不够。如果是真的不够，那就做出一些政策和内容，来满足你的客户吧，毕竟他们没给差评吧。

我当时给方特总结的一句口号是："让好评裂变品牌，让中评提升服务，让差评逐个解决。"对于差评我的认知是，不要埋怨天气，不要责备员工，好的解决方案是调整营销思路。

举个大众点评上真实的案例：有一个游客因为下雨没有玩上某个游戏项目，给了差评。

我们先不说游客的差评内容，只是简单地分析一下这个事情前因后果。下雨是不是游客的问题？没玩上心情不好是不是游客的问题？包括他在大众点评给了差评是不是游客自身的问题？不管是什么问题，我来说说我们的解决计划是什么。

第一步，先找到这个人的联系方式，给他做出相应的道歉和解释。

第二步，邀请他下次来玩，保证"三个优先"。优先提供活动（打折、主题、促销等）信息，优先提供免排队服务（某个项目的），优先提供小礼物及生日祝福。

第三步，他再来游玩的时候，给他更多有效和优质的服务，引导他主动留下一个新的"好评"。

如果我们能设身处地地为游客着想，好评的数量一定会比差评多，你觉得呢？

2. 重庆，网红雾都

重庆是山城，也是西南地区经济最发达的城市。重庆人大多数都具备直爽、热情的特点。如果你让我用一个词来形容重庆的话，那一定是"立体"。有山有江，有桥有坡。

在重庆，开车我觉得必须选自动挡，因为这里的坡，真是刷新了我对"山城"的认知。我去过香港，但比起重庆，那真是不算什么了。在重庆的大学里讲课，每次吃完饭，只要从食堂走回到教室，就能把吃的全部消耗完。这让我理解了为什么大多数重庆人都不胖。这么多的"坡"，硬生生地把共享单车"饿死"在这个城市。我替重庆人民向摩拜和ofo说一句，"不是你们的车不好骑，而是这里的坡你爱不起。"

除了"坡"和"辣"，我不得不夸夸重庆的四个好。

第一，重庆服务好。

亚朵的酒店是我住过的所有酒店里，给我服务感觉比较好的一个了。前台的两次"细节服务"，让我感觉很贴心。第一个细节，是我在办入住手续之前，就先递给我一杯柠檬水，让我在疲劳的状态中，一下子舒缓下来了。第二个细节，是我在办理退房的时候，又递给我一瓶矿泉水。你会觉得这有什么呢？我的答案是，服务很人性化。他们在考虑客人的服务体验，把服务的"引导期"和"结束期"，做到有始有终的"服务前置"。

第二，重庆景色好。

重庆已经被抖音变成跟西安一样的网红城市。重庆漂亮的地方有很多，但由于这次培训的原因，我没有逛很多景点。我的同学周健开车带我看了网红的李子坝地铁站、磁器口古镇和洪崖洞。晚上的重庆简直美翻了，用一个抖音上的话来说，那就是"五彩斑斓的黑"！我只想问一句，"这么多LED灯，就不费电吗？"

第三，重庆味道好。

大家都知道我不吃辣，不论是培训机构的老师，还是我的同学周健，都很照顾我的口味。虽说这次所有人都没有带我吃火锅，但也让我体会到了不一样的重庆菜，确实很赞。有人说这个城市，你来了就不会走，我猜是因为这里的味道吧。

第四，重庆民风好。

我一来重庆，有人就告诉我这里是"码头文化"。重庆人更直接，更仗义，更容易接近。讲了那么多重庆的好，也要说说在重庆培训的三个心得。

一是课程内容的案例更多偏向消费产品。因此，很多B2B的公司就会有点听不懂，比如做原材料的，做企业服务的，做供应链的，等等。

二是课程内容的信息量太大，内容必须掰开揉碎了讲。但对从来没接触过新媒体营销的负责人来说，还是需要基础内容的补充。

三是课程内容的段子太多，听着有趣但实际操作的内容细节不足。这让大家开心之后忘了思考，实操起来切入的点不聚焦。

如果非要总结我课程的特点，应该有三个：第一，互动性与操作性并存，让趣味和内容保持饱和度。第二，现场分析企业问题和给出营销创意，让学员保持满意度。第三，内容的持续更新，让知识体系保持完成度。

在重庆的课堂上，我遇到了一个不错的本土品牌，叫作"自由点"。"自由点"到底是做什么的呢？我给大家两个关键词去猜是什么产品，"张碧晨代言""女性刚需产品"。如果你猜不到，那剩下的内容大家就可以自行上网搜素了。至少我觉得"自由点"可能会是另一个行业里的"江小白"。

就算你还没喝过"江小白",也一定看到过它的文案和线下的物料铺设。如果你还认为"江小白"只是卖文案的话,那说明你还不了解社交媒体的力量。"自由点"也在思考企业转型,品牌的老板思考如何把现有企业在社交电商上,重新塑造品牌。我给"自由点"的老板两条意见:第一个是走小米生态模式,用自身的产品和渠道优势,布局线上与线下的电商平台矩阵,打造新零售的商业板图;第二个是参考凯叔的合伙人模式,激活现有的粉丝和客户,通过产品分销,把利益最大化,一边解决产品全网销售的收益问题,一边深化品牌的情感经营问题,打造社交电商的独角兽公司。

3. 成都,带不走的是……

有人跟我说,来了四川不吃火锅那就是白来了。不过我去了成都,还是坚持没吃火锅。是不是我很固执呢?我其实是为了保护好自己的嗓子和肚子。我是一个平时气管就不好的人,再吃辣真的就是在作死。在这里,我再强调一下金老师的"三大不吃",以方便以后你请我吃饭:鱼、辣、火锅。

成都是让我感觉最舒适的城市之一。在地理环境上,这个城市被很多公司当作西南地区的重要战略布局。成都的餐饮、旅游、服务行业相对发达,但大多数传统企业负责人对新媒体营销的认知其实并不多。

接下来,我问9个关于微信使用的小问题,看看你是否知道正确的答案呢？

1. 如何不让对方看你的朋友圈？
2. 如何在朋友圈里发位置？
3. 如何在朋友圈 @ 好友来看？
4. 微信好友数量上限是多少？
5. 朋友圈里的照片是否能设为隐私照片？
6. 如何设置好友的分组与备注？
7. 如何发布纯文字的朋友圈？
8. 微信最多能绑定几张银行卡？
9. 微信如何转发聊天记录？

如果以上的答案，你都知道，说明你是一个微信使用者中的"OG"。如果不是，说明你需要来找我学习了。继续回到我的话题上，传统的企业老板在听我的课程时，85%以上的都会很茫然，他们大多数都觉得我的知识点好像很难应用于现实工作中。但在这个时候，我经常会给他们提出三个建设性的建议，看看是否能学以致用。

第一点，转变思维。

尝试放弃"产品思维"，利用真正的用户思维来解决营销思路问题。好多老板对我说，"金老师，如何拓展渠道和客户呢？我们服务的真心不是终端消费者。"这个问题其实很简单，不论是终端还是渠道，是否能顺畅"搞定"对接的人，变成了一个最重要的课题。那如何用互联网思维去"套路"他们吗？对接人可能已经不是"50后""60后"，他们也开始慢慢向"70后""80后"，甚至"90后"

发展。那你需不需要了解他们的语言呢？

金老师之所以能做到大家眼中的"年轻有为"，估计就是这个道理。我的建议是多去了解年轻人的世界，可以看看抖音，可以玩玩小红书，可以打一盘吃鸡，可以听听网易云音乐，也可以刷刷b站里的弹幕。

第二点，做行业标准。

有人说在国内，传统企业最怕的就是做新产品和新服务（此处的产品和服务针对企业而言）。原因有两个，第一是尝试成本太高，研发成本太高，市场认可周期有时过长；第二是所有的内容很容易被同行抄袭，即使你拥有知识产权和技术壁垒，假设你遇到了BAT这些巨头公司，也很容易就被收购和打垮。

我发现一个现象，很多成都的学员都愿意做"平台"式的服务和内容，但是在互联网的营销前提下，没有流量都是白扯。你的创意或你的行业，很容易被别人抢占市场。想想打车市场，想想外卖市场……

别苦苦地搭平台了，我的建议是做本地市场的内容，做区域市场的老大，降维打击。在线上拉动流量，通过线下服务做好O2O的内容。如果不能做行业老大，就去做内容的标准化。比如装修行业，如果你不能做出唯一的服务产品、家装材料、设计方案，那么，就要做出服务的流程标准、用料标准、售后标准，想想米其林餐厅，想想杜比音效。

第三点，做资源裂变器。

企业级服务的公司，手里有着大把大把的行业资源、人脉资源、工厂资源、政府资源。老板们总是在自己的一亩三分地打转转，总希望稳定市场份额。越是怕被时代所淘汰，越是跟不上时代发展的节奏。比如做绿化的，比如做工程材料的，比如做供暖的，比如做劳务和金融的。

所有的企业都需要人，所有的企业都需要链接资源。那能不能把自己的企业内部激活，上下游企业激活？或许你链接不到终端消费者，但是你能为终端消费者做点什么，或者为你的员工做点什么吗？

每次上课我都会请学员讲"故事"，他们大多数都能把企业里的一些好玩的、有意义的，或者感人的故事讲给我听。但是他们有没有将这些故事告诉更多人，去感染更多人呢？我的答案是，并没有。我的建议是，可以通过侧面的表达，比如视频，比如订阅号文章，比如喜马拉雅的课程，去宣传企业文化，去传播品牌价值。或许只有这么做，企业才能找到更好的人才，服务更多的企业，让更多的消费者知道你的存在。

4. 南宁，重启社交电商

我是从社交媒体开始起步的，8年前的新浪微博营销大会，我已经成为相对资深的营销分享者了。那时候的微博，已经称霸整个线上媒体圈，我也是在那个时候锻炼出自己在舞台上的自信。2014年，我慢慢进入搜索引擎圈，2015年，我又涉足电商圈，使我一点点看清了互联网的发展趋势原来可以如此迅速。我待过互联网圈中的大公司，当然也会沾染一些大公司的毛病。庆幸的是，我没有媒体人那种独有的气质，而是掌握了如何利用新流量把自己变成圈里的红人。

我起初很看不惯微信朋友圈的做法，总觉得微信是在阻击新浪微博。可是随着我一步步从微博达人变成朋友圈里的活跃用户，我也只好慢慢接受了这个事实。微博沉寂了，微信火了。

微信真的火了，它改变了很多行业。特别微信红包，满足了许多人对移动支付的需求。没有微信支付，就没有后来的知识付费、共享经济和如火如荼的微商。

我之前在订阅号里写过很多次关于微商的文章，对于微商我总是保持中立的态度，不打击也不吹捧。我在几年前，粗略分析过微商售卖产品最明显的五个特点。

（1）复购好。

（2）单价稳定，平均不超过 300 元。

（3）易传播。

（4）功能相对刚需。

（5）收益足够高。

不管大家怎么看待微商，2019 年微商已经正式归入了电商的范畴，统称为社交电商。社交电商对我来说真是一个再熟悉不过的词了，因为我一直就横跨在这两个领域。而最让我激动的事是 2019 年的年初，我来到南宁，开办了一场两天的视多爱品牌的社交电商的课程。

讲课，我已经是身经百战了，给社交电商讲课也不是第一次了。但如何能针对视多爱品牌，把社交电商中代理遇到的问题吃透，把消费者选购产品的问题吃透，确实让我紧张了一回。我身边有一个绰号叫瓶子老师的人，她给我的评价是，"满铮老师总是关关难过关关过。"而这次的培训，我也是做了相当多的准备工作。我调研了公司背景，深度体验了产品功能，跟这次主办方的代理团队负责人，进行了两次长时间的电话沟通。

团队的负责人叫瑜儿，她做事谨慎，办事要求高得惊人。她是一个国企待过、创过业的女强人，她在短短半年多的时间里，把自己团队的影响力做到了行业里名列前茅的位置。瑜儿要照顾孩子，我跟她对课程大纲都是在深夜的微信群里。她对自己团队的问题真的是了如指掌，我给她每一次提出的问题，她都能在12个小时内，把内容完完整整地以截图的方式发回给我来确认。

对社交电商而言，我跟瑜儿都知道，打爆款无疑是最有效的营销方式。爆款的整个生命周期会遇到四个阶段，这四个阶段该如何操作，才能让爆款长久不衰呢？接下来请听我来复盘一下我的课程。首先，爆款成交必须具备三个因素分别是持续的流量，消费者的从众心理，以及过硬的产品质量。如果这三个因素都具备了，就要看阶段了。

爆款的四个阶段是指，引导期、成长期、成熟期和衰退期。

先看看引导期是什么。所谓引导期，就是爆款刚刚要进入市场，需要投放广告的阶段，也叫作上市阶段。这个阶段，品牌主只要做一件事，持续给流量。打广告也好，做地推也罢，必须让消费者和代理看到产品的展现量。

当爆款到了成长期，需要的就是工具了。工具可能是支付工具、传播工具、转化工具或者管理工具。所有的爆款必须在有规则的操作下，批量复制和售卖，保持销量稳定，产品有复购。这个阶段也是考验品牌主产能的时候。

第三个阶段是成熟期，主要是爆款需要强大的流量平台支撑，我统一叫作找"靠山"。想做大做强的品牌爆款，一定要在有品牌背书的平台上售卖，这样才能让消费者继续信服。此外，寻找对的IP、明星代言，赞助相应的活动都可以。

　　最后一个阶段叫作衰退期，也是品牌主最不想面对的。这个阶段不是清仓和甩卖，更不是迭代新品，而是想办法找关联款进行二次营销。比如有些爆款出了联名款、复刻款、颜色限量款、特别纪念款，等等。在不损失现有爆款销量的同时，增加更多的销售机会，渐渐让新爆款登陆市场，转移消费者的注意力。

　　说实话，社交电商最大的工作就是发朋友圈。因此，如何打造人设和如何发朋友圈，就成了我跟瑜儿聊得最多的话题。课件从一开始的70页，逐渐完善了7个版本，达到了193页的课程内容。我跟瑜儿最终达成一致，在课堂上，要求学员未来再发朋友圈，要按照代理级别，分层、分时段去营销。最后我们还针对微信0版本，训练了一些新的操作玩法，从而也提升了学员的销售转化。

　　社交电商这几年发展得好，还是因为人与人之间的信任。好的榜样和积极的生活态度，会影响更多正能量的人加入。南宁，在我看来确实是一个互联网发展相对薄弱的城市，但通过两天的培训，我深深感受到了这里的学员对学习的热情。最后，我以瑜儿的一句话来结束我的内容："没有数据的理想都是空谈，没有KPI的目标都是扯淡。"

三、卖点训练营10讲，寻找终极答案

1. 卖点训练营：用户思维

传统企业需要转型，不论是进军电商，布局社群，还是尝试社交电商微商，甚至新零售，企业的负责人都应该先做好一件事，转变思维。在转变思维这一讲，我只想强调一个词——用户思维。什么是用户思维？我的理解是，跟产品思维相对的一种说法。

产品思维是，"我有什么，就卖你什么。"

用户思维是，"你需要什么，我就卖什么。"

一个最通俗的表达就是，"见人下菜碟。"互联网里有一个很重要的大数据技术，叫作"千人千面"。就是根据每个用户的使用情况和数据，来匹配不同的服务和展现内容。表现最明显的两个APP，应该是淘宝和抖音。

那怎么去设计产品或者服务，来把用户思维落地执行呢？我说一个很经典的例子——摩拜单车。

摩拜单车最火的那几年，你一定听过这个概念"最后的一公里"。

是的，最后的一公里，就是解决相对具体的一种用户需求。我服务过几百个项目和产品，总结了五个"一"原则：一个细分行业、一个跨界思维、一个极致产品、一个典型用户、一个核心问题。

什么是一个细分行业呢？

细分行业就是在不同领域里，我们找到相对垂直的分类，也就是服务差异化或者产品差异化的市场定位。拿汽车行业来说，卖汽车的除了一般车型，还要有跑车、房车、越野车、SUV、商务车等。那每一种分类就是一个细分领域，也就是细分市场。有的是按照产品分类的，有的是按照客户购买习惯分类的，有的是按照客户使用分类的。

摩拜单车，就是在出行行业中的一种细分服务。因为出行可以是自驾、公务、共享，而共享也可以是汽车、自行车或者电动车。摩拜单车选择了共享领域的单车市场。

好的创意和思维是不是可以改变一个行业？

第二个问题就是跨界思维，这是一种灵感乍现或者生活洞察。比如我之前服务的客户，贝适宝儿童智能安全座椅。这个产品的研发初衷，是品牌的老板为了解决自己孩子坐安全座椅的问题。所以聪明的老板会选择"跨界抄"。

摩拜单车的创始人已经卸任了，但是她通过做出行的行业经验，自己的想法就找到了一个好的创意。我个人觉得好的创意不是每个人都有的，一定基于你过去的理解和认识衍生出来的。

极致产品是不是迭代出来的？

每个品牌都希望有自己的爆款，只有爆款才会被消费者记住。说到爆款，我会在后面的内容里给大家展开讲。极致产品我第一个联想到的是苹果手机。苹果手机对于很多来说都不陌生，但是苹果是不是所有的产品线都很好卖呢？不是。

产品需要一代代的升级，成为消费者喜欢的产品，最后占据消费者的内心。最早使用摩拜单车的大部分是互联网用户，对产品使用的要求不高。但是随着共享市场逐步发展，摩拜和ofo都开始升级自己的产品，和更好的自行车供应链合作，优化产品，适合更多骑行人的要求。

"场景"是最近几年比较热的一个词，主要是描绘用户所处的环境，可以是消费场景，可以是娱乐场景，可以是学习场景，也可以是出行场景。提到场景，我总会讲"碎片化"。"碎片化"常常与用户的时间绑着，比如我经常听到有人说"我在用碎片化时间学习"。其实碎片化的出现，也是我们的"场景"切换越来越快，越来越频繁所导致的，这里最好的例子就是微信。微信可以是聊天场景，可以是娱乐场景，可以是工作场景，可以是阅读场景，也可以是支付场景。

自从有了LBS的技术，O2O的服务变得更加便利。用户使用的"深度"经常会和用户的"黏性"一起被谈论，主要是看用户对某种产品或服务的依赖性，以及用户的行为轨迹。这里列举几个大家常用的APP，比如百度地图，比如搜狗输入法，比如嘀嘀打车，比如饿了么，比如大众点评。很多时候，我们的习惯已经被这些APP所影响。

摩拜单车的用户，起初是一线城市的上班族，年龄在25—35岁之间，解决了他们从地铁站到公司的大厦，或者从公交车站到家住的小区之间的距离问题。随着微信小程序的普及，每一个微信用户只要扫一扫，就可以使用共享单车，这样一来，越来越多的不同年龄段的用户也开始被摩拜所覆盖。

"核心问题"是不是应该先解决"刚需"？

手机主要是用来沟通的，但也可以照相、打游戏。小米9最新的广告语是"好看又能打"。几年前，我有一个很大的苦恼，因为讲课和开会特别多，所以经常错过很多重要的电话。我为了不打扰别人，也能很好地知道来电，就买了一个手环。我选择小米手环要解决的核心问题，既不是计步，也不是测心率，更不是为了追求时尚，而只是用它的来电震动功能。

"核心问题"是用户的刚需问题。比如支付宝也有聊天功能，但是我身边的朋友很少用它来聊天。不是所有的服务和产品都要解决用户所有的"痛"，即使你有这项功能，用户也会选择更合适自己的方式，去操作处理某个问题。反过来思维，很多APP流量变现的原因，也就是因为在核心问题延展出来，赚了钱。再比如，在KEEP里买健身装备，在毒里买AJ鞋，在小红书里买口红，在喜马拉雅FM买课程，在抖音里买玩具，等等。

摩拜单车的"核心问题"，就是"最后的一公里"问题。

但也会有一些个例，让摩拜和ofo这样的服务"滑铁卢"。比如重庆，重庆是一个山城，地理环境大部分都是坡路，用户使用场景就不成立了，因为两个字——"太累"。

2. 卖点训练营：产品定价

我需要讲述一下产品线和定价，毕竟对于卖产品的人来说，大多数的企业老板还是比较容易理解的。拿亚马逊的 Kindle 电子书阅读器当样本，来解释一下我对产品线分类的理解。Kindle 在线上的商品，我可以粗略地分成四种：引流款、爆款、利润款、品牌款。

引流款一般是最容易被消费者看到，并且快速产生兴趣，但不一定是最终成交的。想想超市里的低价可乐，特价水果。简单地说，在超市这个商业形态中，最喜欢引流款的用户大致就分了三种，喜欢"促销"可乐的男人，喜欢"买赠"酸奶的女人，以及喜欢"特价"鸡蛋的老人。这些都是把消费者引到超市的引流款，价格足够低，购买力足够强。对于 Kindle 来说就是它入门版 498 元的款式。

爆款一定是每个品牌的拳头产品，比如苹果的手机，Nike 的篮球鞋，麦当劳的汉堡。它既是畅销货，也是占据消费者第一认知的商品。社交电商的打法就是在某种用户的痛点上，打造一款极致产品来解决某个问题。

爆款有着很好的行业口碑，有着市场的绝对份额，同样有时代性，这也意味着爆款的迭代，会根据市场的变化而变化。爆款很容易被模仿和山寨，比如 Kindle 的 998 元的经典款。

利润款通常是针对品牌来讲的，就是价格相比爆款高一些，服务相对好一些，但是利润相对高，是品牌方愿意主推的款。

Kindle 的 1388 元的各种定制款（联名款），就是我判断的利润款。它在技术和材质等各方面都会有所提升，并且增加了联名的附加值，因此俘获了消费者的芳心。但需要注意的是，产品本身的价值不一定是和价格成比例增长的。

品牌款是企业最高端的产品，是树立企业影响，在行业里做标杆的产品，也叫顶配版。它主要服务高端客户，区分自己其他产品线，可能换 logo，换名称，甚至重新命名为子品牌。最明显的例子是化妆品和汽车。

Kindle 的品牌款是 2399 元的尊贵款，它的受众应该是最高端的阅读客户，满足消费者对轻薄、大尺寸、单手操作、内置阅读灯的各种需求。

3. 卖点训练营：人群画像

企业不论是做品牌还是卖产品，经营一段时间，都会有一批属于自己的粉丝。消费者都有自己 W 的偏好，品牌该如何找到粉丝的共性，进行精准营销呢？那就需要品牌方描绘好消费者人群画像，提供更好的产品和服务，继续满足这些目标受众。

那今天我就讲一下，如何用最简单的方式去描绘人群画像。我每次画人群画像，基本上就考虑五个基本的参数：性别、年龄、城市、消费水平、个性标签。

性别，决定你的市场天花板在哪！

过去流行说，"世界上最好赚的是女人、老人、孩子的钱"；现在流行说，"最有潜在消费能力的市场，是服务孩子、女人和狗"。换句话说，宠物行业慢慢成长起来，消费者的关注点开始有所变化。

世界上只有两种性别，相对而言还是女性主导消费。女性的消费意识是曲线形，男性消费者买东西相对直接。传统的电商平台，我们可以粗略地分为静默式下单平台、交流式下单平台，以及货架式下单平台。

第一种静默式电商平台是我一直在服务的平台，如京东平台。消费者以男性用户思维为主。切记，男性用户思维不一定是男性，而是喜欢简单直接不沟通的方式。第二种交流式平台，比如淘宝、天猫这样的平台，大部分的货品大而全。第三种主要是精准或细分领域的平台，更像货架售卖的形式，比如当当、亚马逊、1号店、我买网、苏宁易购、唯品会，等等。

男性消费市场更容易找到购买需求的共性，选择的平台也相对集中，比如买车、买电器。女性消费市场就更碎片化，感性大于理性的选择，对于品质、品牌、品味要求更严苛。但总体来说，对于价格和价值这两个关键点，女性是两者都会考虑，而男性更多考虑价格。

年龄，确定你的位置到底在哪个时代。

很多人都认为10年是一个代沟，我分析现在互联网上的市场，可能已经缩短为3年。其实线上的时间的代沟，有时候也是由于线下的社会属性自然而然地进行了年龄段的切割。

第一次正式以"个体"形式进入社会，应该是幼儿园。人从幼儿园到小学，到初中，到高中，到大学的各个阶段，基本上都是以3年或者3的倍数划分的。做个小测试，日本的动画片里，有一个经典的形象叫蓝胖子，请问，它到底是叫哆啦A梦，还是叫机器猫？

城市，决定了你的产品购买力的存量和消费者的认知有多大，多深。

在中国，有四个一线城市，北上广深。杭州随着阿里集团的壮大和马云的努力，已经快成为第五个了。

城市的差异化，我觉得可以以北上广深杭为参照，其他为非一线城市。城市差异的背后隐藏着很多的不同，比如上班的时间，比如消费的习惯，比如朋友圈的内容，比如对品牌的认知。

一线城市消费者的烦恼，能反映出大多数互联网上主流的问题，比如情感焦虑，比如知识焦虑，比如教育与医疗，比如婚姻和房价。

非一线城市的消费者，更多考虑的是获取新媒体的路径有什么，消费者更喜欢什么样的APP，大众品牌和奢侈品消费的占比，消费者对产品的购买需求和支付方式。

有一个词，叫作降维攻击（降维攻击，如三维空间的物体在二维空间中，物体自身微观粒子相互之间的作用力公式将发生变化，物体分子将不能保持现有的稳定状态，极可能发生解体，导致物体本身毁灭。降维攻击就是将攻击目标本身所处的空间维度降低，致使目标无法在低维度的空间中生存从而毁灭目标）。不论是农村包围城市，还是降维攻击，都可以很快地扩张你的版图，锁定你想要的用户。先想想OPPO和vivo，再想想万达集团。

选择从一线城市梳理的品牌，就要先解决"生活焦虑"；选择从非一线城市突围的产品，就要先解决"消费认知"。

消费水平，感性消费才是最好的游标卡尺。

人群画像里，我很少讨论消费者的收入水平，因为自从有了信用卡，消费的购买力不足问题就被攻克了。后来阿里出了支付宝，支付宝里又出现了花呗，消费者选择线上的透支支付方式，从而增加了对产品购买的可能性。

对消费水平的描述，一般考虑的是两个点：家庭消费和个人消费。

家庭消费，一般是在判断大宗产品时，需要考虑的因素。比如买房、买车的时候，考虑一下家庭消费能力，和平时支出的比例，就能很好地判断目标客户的轮廓。但买车买房，我们还要考虑贷款，毕竟有些消费还是会提前透支他们的消费预算，不能武断地做出答案。

个人消费，一般是指"单身"的用户画像和购买客单价相对不高的产品的受众。不过在考虑已知用户的"性别"属性的前提下，消费水平也会有一个临界点。在我看来，一线城市的男性个人消费，在婚前可能没有上限，而婚后可支配的消费金额每月可能在 500 元左右。（以个人的经历和接触的男性为例，不代表土豪的男性消费者。）

个性标签，一种身份就是一个社群。

每个受众都有自己的特点，比如护士、老师、公务员、老板、白领、宝妈，每种标签背后其实都是一个"社群"。其实还有四种标签数据，来进行分析。

比如，社会数据包含了行业、职务、子女状况、车辆使用情况、房屋居住情况、用什么手机，等等；行为数据包括常驻的城市、作息时间、交通方式、居住的酒店类型、理财习惯、餐饮习惯、网购特征等；兴趣数据包括购物的偏好、浏览的偏好、体育的偏好、影视剧的偏好、游戏的偏好，等等；最后一个是态度数据，就是生活方式、作息规律、是否爱打扮、有没有关注健康、是不是有环保意识。

4. 卖点训练营：卖点提炼

商品好不好卖，取决于你的产品本身和你的渠道选择。如何提炼一个好的商品卖点，是所有企业负责人看重的工作。卖点不是产品的功能放大，而是要解决客户的某种诉求，一句话就是"你卖的是解决方案"。

卖点提炼我有自己的一种方式，就是罗列出两个关键点，找到关键词，进行匹配，最后呈现卖点。而这两个关键点，就是产品的功能点和客户的诉求点。

第一步，罗列产品的功能点：用行业术语描述产品本身的属性。

提到汽车行业，有很多专业的表述一般的消费者很难理解的。比如最大功率，比如最大扭矩，比如最大马力，比如驱动变速箱，比如发动机型号，比如气缸排列形式。

除了这些还有一些可能你听到过的，比如安全气囊，比如ABS防抱死，比如夜视系统，比如驻车雷达，比如巡航系统，比如自动泊车入位，比如GPS导航系统。

产品功能点最重要的是参数，而这些参数消费者大多数都听不懂。我经常用一个词来形容产品经理描述产品的状态——"不说人话"。这样的表述更适合给企业内部，或者行业内的人听，对消费者来说需要转变成用户语言。

操作内容：请把你现在售卖的产品或服务，列出5—10条功能点，比如汽车行业：8T排量，ABS防抱死，全景天窗，低油耗等等。

第二步，罗列客户的需求点：消费者遇到的问题和困难。

有人说，消费者的需求点，就是产品的某种功能所解决的问题。简单地说，客户的需求点怎么找，完全取决于你是产品思维还是用户思维。产品思维就是跟进客户对某种"产品需求"来匹配产品功能点，用户思维就是跟进客户"自身的问题"，来提取产品功能点进行匹配。

说得很抽象，我举个例子。

有一家做儿童美术教育的学校,他们服务天津本地的儿童市场。按照"产品思维",学校会找家长的一些产品上的需求点:

学习什么内容;
学习多长时间孩子的审美能提升;
学习的费用大概是多少钱;
学这个课比其他的培训机构有什么优势;
学校配置什么样的老师;
学习时长是多少。

这些问题其实校方有很多答案,消费者关心这些表面问题,就能判断他们是否来报名吗?

我的答案是,家长(客户)方可能的诉求点是以下内容:

我的孩子能不能试听?
我的孩子寒暑假能来上吗?
我的送孩子会不会方便?
我的孩子上了,但又不喜欢怎么办,能不能退钱?
我的孩子有没有其他的课程,会不会冲突?
我的孩子上不了课,请假可以吗?

所有人都会说,这就是买家和卖家考虑的角度不一样而导致的。那我们做卖点提炼,就是要站在消费者或者用户的角度,考虑他们想要的答案。怎么去思考客户的"痛点"呢?我的答案是围绕一个"中心"去思考"人性的弱点"。

大多数听过金满铮线下课的人,都知道我讲过"什么东西是最容易被互联网传播,或者说什么内容才会打动消费者购买的因素"。
答案是:
(1)相对好看的,颜值高的,吸引眼球的,美丽的。
(2)有竞争的,有比较的,能够产生话题性的,互动的。
(3)能上瘾的,新鲜的,能产生黏性的,能持续使用的。

操作内容:请把你现在的目标受众生活中"最痛"的几个问题,罗列出5—10条的诉求点。比如女性消费者:健康问题、教育问题、收入问题、社交问题、感情问题、职场问题,等等。(问题跟你的产品和服务没关联的痛点)

如果你已经罗列了两组词,我们就一起讨论第三步,卖点提炼。

在提炼之前,我们还要玩一个小游戏,我管它叫"谁是卧底—说感受"。拿跑步机举例,接下来你的团队每个人说一个词,形容对跑步机的理解和第一反应。

"健身房、昂贵、笨重、噪音、京东、家庭、跑步、懒、健身、快递、跑鞋、折叠、黑色、不用、搬家、女生、肌肉、酸痛……"

这样的词汇可能不止30个,甚至更多的描述词汇会冒出来。
接下来就是核心环节。

第一步,请把这些词汇按照产品外观、用户感受、使用场景、购买渠道等进行分类。如果你既不知道说什么词,也不知道怎么分类,请去淘宝、京东等大型的电商平台去看"产品关键词"。

第二步,请把之前客户诉求最痛的三个内容保留下来,其他全部抹掉,比如感情问题、社交问题、收入问题。

第三步,请把功能点与诉求点匹配的三个内容提炼萃取出来,比如"功能点A、B、C"。

第四步，把诉求点和功能点与其中一组产品关键词进行组合。

第五步，最后把组合好的词语，梳理成一句用户听得懂的"人话"。

5. 卖点训练营：获取反馈

品牌方在营销的过程中，需要随时关注消费者对产品的认知是否发生了改变。今天我们主要以四个角度来讲述一下，如何在互联网上，得到更多的获取反馈。我给我的方法命名为"商品四维定位法"。内容分为四个渠道：行业论坛、社交媒体、搜索引擎、电商平台。在这里，我将从"找毛病""看需求""定趋势""给价格"这几个方面来分析。

第一个是论坛、中关村在线、虎扑、天涯、豆瓣、网易论坛、猫扑。

找毛病，是要根据你的产品属性和类目，在大家熟悉和不熟悉的论坛去看骂声。为什么去看骂声，因为只有看到一些负面问题，你才知道这个行业缺少什么产品，也知道消费者在使用产品的过程出现了哪些问题。作为企业负责人或研发人员，也应去看看行业现在已有的品牌产品的弊端都有什么，取长补短，完善自己的产品。

第二个是社交，新浪微博、微信朋友圈。

看需求，根据关键词我们可以找到每个真实用户的反应与使用场景，并总结出来很多内容，如用户的使用时间、用户使用场景、用户使用的城市、用户的基本信息、用户的使用心情、用户的品牌、产品的价格及产品的外观，等等。看看我是怎么找到他们的呢？首先这些内容，都是网友自发的内容，可信度很高。我们通过客户的行为轨迹，不仅可以找到我上面提到的，而且还会有一些意外惊喜，比如找到用户的品牌偏好，包括他们朋友的意见与看法，这样连产品的数据调研费都给老板省了，是不是很爽呢？

第三个是搜索，百度等。

定趋势，根据网民的喜好程度，选择商品的流量展示与最佳上市时机。这些都可以通过网络搜索获取。百度最强大的不仅是他一系列的商业化服务，还有强大非商业化的用户产品。例如，百度地图、百度云盘、百度视频、百度图片、百度音乐、百度浏览器，以及手机百度。搜索才是产品变为商品的强需求。因为前两者都是对现有产品的分析与点评，而搜索是为了新商品的生产。之前提过一个工具，叫作百度指数，建议大家去搜索你关注的行业和关键词。而随着移动互联网时代的到来，很多消费者开始从各个垂直搜索中寻找答案。比如吃饭可以去大众点评搜，看剧可以去爱奇艺去搜，买口红可以去小红书里搜，买机票可以去飞猪里搜。

第四个是电商，淘宝、京东。

一个网络销售好的商品，不是在自己品牌的官网"自嗨"，也不是独霸某一个平台抱大腿炫富，而是应该去尝试多平台展示，让大众最终接受产品的审美。关于定价，可以通过我之前讲过的四种款式来判断，引流款、爆款、利润款、品牌款。找到市场的真实需求缝隙，通过材质、外观、型号、品牌、产地，以及个性化参数去找到合适的价格。我个人喜欢以99结尾的价格，也许南方的老板更喜欢88。

除了淘宝和京东两个主流电商平台，品牌也要多考虑更多的垂直电商平台的营销布局，比如当当、唯品会、苏宁、寺库网、拼多多等。温馨提示：现在是APP崛起的时代，我们可以在不同平台看价格，比如毒、值得买、小红书、抖音，等等。

除了刚才这四个维度，我认为还可以从另外四个渠道给商品做其他的事，即找粉丝、炒话题、做流量、搞背书。

在论坛里养粉丝。大多数的铁杆和骨灰级大神，一定都存活在这里，他们对很多产品的热爱让品牌商都无法理解。不过垄断性行业的商品，有时无法突破自己，渐渐地没落就被后起之秀所代替。当别人不再吐槽某个品牌或商品的时候，说明它离开我们的日子就不远了，"科技以人为本"，对吧？

在社交媒体里炒话题，让更多的用户觉得你牛，让品牌效应无限裂变。好多朋友都跟我说，某快消品的社交账号已经火了这么多年，他们都很羡慕与膜拜。但我想说，会不会他们的内容好看好玩有创意，用户就会多买一盒存着呢？答案是，肯定不会，这只是让更多的产品成为商品的其中一步，叫作让用户喜欢它。至于消费它，还要看流量和电商平台的营销。

在搜索引擎找有效推广，而不是纯在百度做广告。通过百度指数的数据，我们知道视频网站、垂直 APP、热门直播平台都可以用。这些新的渠道，可以看到商品以用户最喜欢的方式展现，比如软文内容，比如礼品兑换，比如线下活动。搜索确实是线上购买的刚需入口。

在电商平台做信任背书，是让 OEM 和微商的创业者翻身的最快方式。电商平台不缺大牌，是没有差异化的好商品。如果你还没有好的销量，尝试在大平台做背书式的营销，这是最快的弯道超车的方法。切记一点，平台电商到底是最终的宣传平台，还是支付的阵地，就需要品牌方考虑一下上架的 SKU（库存进出计量单位）数和定价策略了。

6. 卖点训练营：营销场景

场景营销是前几年相对热的一个概念，现在做营销的人会经常提到三个字，人、货、场。"人"可以是说重构用户认知；"货"是指重拾产品创新；"场"就是持续动态运营。

对于营销场景，我从三个角度分析一下，搜索场景、支付场景、社交场景。

在讲场景之前，需要理解一个词，"碎片化时间"。手机的出现，改变了人与人之间的沟通方式。智能手机的出现，提速了移动互联网的发展。由于每个人接受的信息量过载，使得大家看到的内容，越来越碎片化和个性化。在碎片化的同时，我们也会很有目的地去搜索自己想要的，购买自己想要的，以及分享自己想要的东西和服务。

我以拼多多为案例，来讲讲我理解的三个场景。

有人说拼多多火了，是因为这个平台上卖的产品很便宜，我觉得这种理解是片面的。淘宝也好，京东也好，各种电商平台都有自己的打折优惠活动，如果只是让消费者买到便宜，而不能让消费者感觉到占了便宜，那消费者只是一次性的"冲动"。因此，必须懂得运营好平台，把你的消费者变成粉丝，持续营销才行。

拼多多的成功，取决于他的创始人把握住了两个流量红利。第一个是微信的使用者逐年扩大，并且在往老龄化辐射。简单地说，老年人也开始用智能手机，懂得用新的方式去沟通、交流，甚至是游戏和娱乐。第二个是微信的红包功能，使得潜在的老年人消费市场一下子打开了购物的"缺口"。

试想一下，如果是一个二线城市 55 岁的人，会不会用手机支付买菜，买星巴克咖啡，买衣服呢？这些所谓的消费场景，跟他们的生活不太相关，而与家人沟通，与老朋友同学娱乐，给子女们发订阅号内容，成为他们的一种生活常态。大量的微信零钱成为他们花不出去的"烦恼"。谁能利用什么渠道和理由让叔叔阿姨们把线上的"钱"合理并主动地花掉，就成为拼多多主攻的课题了。由于拼多多早期的产品和自身"拼"的玩法，一下子激活了这些潜在网购的消费者，使得拼多多成为现在国内靠前的社交电商平台。

第一个场景，搜索场景。

不论是拼多多，还是淘宝、京东，消费者都会对自己不知道或者想知道的内容，进行第一个动作——"搜索"。在搜索的话题里，最重要的是"流量"。消费者过去会在百度等各大搜索引擎搜索，然后跳转到各种网站或者APP里进行操作。消费者现在的搜索流量越来越细分，而且从过去的某种服务和产品名这类关键词，慢慢有了搜品牌的概念。比如吃饭，可能去大众点评搜麦当劳、小吊梨汤、全聚德、海底捞，而不仅仅是搜火锅、汉堡、北京菜这些关键词。

在搜索场景里，我们要懂得各个平台的算法和规则，也要理解我前面讲过的"千人千面"的呈现逻辑。很多APP的搜索框都会放在比较显眼的位置，或者再单独设立一个按钮。而最值得关注的是，每一个"搜索"逻辑里，消费会看到平台推的一些关键词。以拼多多为例，我点开搜索框，看到的就是"吊扇风扇"。或许这就是追着消费者的搜索数据与平台推荐机制，来引导消费者搜索。

在手机移动端，消费者愿意用手机里的APP进行搜索。搜索平台相对集中在百度、淘宝、微信、大众点评等。如何让消费者主动搜，或者在你的平台里搜呢？我的答案是给出搜索的"引子"和最快路径。我在餐厅吃饭，搜一些我想看到的产品和内容的时候，需要品牌主给我一个理由。这个理由就是我说的"引子",比如搜索出来的结果,能给我的消费打折、免单,或者享受一些不一样的服务。有了"引子",怎么快速引导消费者来搜呢?我的答案是二维码。二维码已经是成熟的技术,它是打通线下和线上最短最快的路径。品牌主要学会利用二维码,为我们的私域流量或大众流量倒流。如果能引导好消费者在搜索场景中第一时间看到你,或者来到你的领地,那后面的营销就会水到渠成了。

第二个场景,支付场景。

手机支付,可以分为APP内部的支付功能和手机本身的NFC支付功能。支付场景在不同的目的下,有着不同的特点。比如O2O的付款,是消费者在线上选好了服务或产品,在线下体验服务,所以要提前支付款项。在消费者是娱乐目的的时候,支付场景更应该考虑支付的方便性和资金的安全性。

因为不是face to face,所以消费者更习惯用自己熟悉的平台和支付方式进行操作,或者通过第三方账号登录来支付。比如买电影票,比如团购KTV,比如买公园门票,等等。消费者喜欢用支付宝和微信这种常规通用的支付方式,如果还要再注册某个新平台的支付功能,绑定银行卡,上传身份证,你就是减少消费者的购买冲动,从而丢掉成交机会。

除了线上支付的支付场景,还有线下消费的"买单"场景。在国内,请客吃饭抢着结账是一个很有意思的现象。在消费后买单的时候,品牌主应该注意什么,才能使这个环境更顺畅呢?我有三点意见。

第一,给消费者很好的支付网络环境。有些线下服务和售卖产品的场地环境信号不好,导致消费者始终支付失败,就会带来不好

的体验。最好的解决方案就是，在你的场景里主动提供 Wi-Fi 服务。（信号好）

第二，在消费者支付后给相应的回报与好处。线上支付的 APP，都会有相应鼓励的政策，比如摇一摇"补贴"，比如支付软件里的免单活动。总之一句话，要给消费者在线上支付一些好处，如方便、快捷、打折、买赠。（给利益）

第三，给消费者带来二次消费的冲动和机会。有了账号绑定，有了支付记录，就要尽量多地与自己的品牌进行深度营销，比如加订阅号、加微信、加抖音关注。这背后的逻辑，是给品牌主增加获客机会，让产品的消费者成为品牌粉丝。（做粉丝）

第三个场景，社交场景。

互联网有这么一句话"一方有难，八方点赞"。如果你的产品和服务，消费者都不愿意拿到朋友圈里晒一下，吐槽一下，你的产品就没有"社交货币"的价值。什么是"社交货币"？就是两个字——谈资。它利用消费者乐于分享的心理需求，实现口碑传播，最终在社交环境中获取认同感。

拼多多应该是在社交场景中做得相对成功的一个平台，主要还是用它最强的打法——"拼单"。拼单也好，砍价也好，这些具有强社交属性的玩法，能使你的用户产生互动交流。社交场景的搭建，有些时候仅限于线上，有些是需要做到线下展示的。场景里需要有"人，物，价值"。

场景里的人，一定要保持热度和数量。没有相对大的基数，所有的社交场景都不成立。热度就是用户黏性。数量要持续运营，才能做到存量不减。对拼多多来说，早期的用户真的是二、三线城市的用户。场景里的物，可以是产品也可以是服务。怎样才能让物有生命力，这是必须考量的内容，"做文案+做视觉+做传播+做用户"。最后一个是价值，场景里的价值其实是用户自己的感受或者一些无形的东西。我会在后面的课程，简单讲述一下社群营销的基础概念，来解释以上的三个问题。

"社交"一直是很热的词，不论是做游戏，还是纯分享类的APP，包括美图秀秀这种工具型的APP都在做社交化。那社交场景，我们应该注意什么呢？我给两个小建议。

第一个建议，尽量不去"站队"，保持在多平台展现你的内容。在国内，阿里和腾讯称为两大互联网巨头。阿里有新浪微博，腾讯有自己强大的QQ和微信。那可以尝试让消费者通过这些第三方APP登录你的平台，让自己的产品、服务得到充分展示。

第二个建议，建立良好的展现系统，比如转发你的内容，会自动生成带有二维码的海报，或者自动生成短链接。有些社交网站是禁止展示其他竞品内容的，所以需要巧妙解决这个问题，比如打水印。但有一个问题需要注意，一定要给消费者转发的利益或好处，比如QQ音乐的海报。

7. 卖训练营：文案表达

好的文案，可以为你传播品牌，也可以为你玩命卖货。有些文案可以让你喜欢一辈子，有些却会让你恶心一辈子。今天我就要用5个板块和1个案例，来阐述一下文案的目的、逻辑、方法、表达和呈现。

一、文案的目的就是解决问题。

文案对我来说，有的是产品文案，有的是广告文案（品牌或传播型），有的是电商文案（转化型），有的是微商文案，还有的是用户思维的洗脑文案。不论是什么类型的文案，文案的最终的目的，我觉得就是解决五个问题和达到两个结果。

这五个问题分别是，底层兴趣、自身利益、热门话题、眼前任务、情感所需。

底层兴趣，一定要使读者产生兴趣，可能跟他没关系，但会引起他的好奇。

自身利益，大部分是跟受众息息相关的。比如小米手机的文案，从过去的产品型文案"为手机而发烧"，变成了5X的"拍人更美"，到现在小米9的"为你而战"的"好看又能打"。总之，都与消费者的自身利益密切相关。

热门话题，是好文案必须追求的内容，比如最近火爆全网的《都挺好》。大量的倪大红饰演苏大强的漫画形象刷爆了朋友圈，而刷爆的理由不仅仅是他的形象，还有被这个IP再次创造出来的各种文案。

眼前的任务，是营销文案需要快速解决客户的需求问题。比如抢购类型的文案，比如打折类型的文案，比如新品发售的饥饿营销类的文案，比如大家常见的新品发布的倒计时类型的文案。

情感所需，这些内容目的在于打开读者对某种产品或服务的冲动与向往。情感所需的文案，更多偏软文和品牌的公关稿。随着文化产品和娱乐产品的复苏，有些文案可以配合音乐、电影、网综进行传播。

讲完五个核心问题，接下来说说两个文案呈现的结果：传播和销售。

如果要文案达到"传播"结果，一定要记住内容的五个因素——时间、地点、人物、事件、诉求。你感觉上这就是上学时写作文的基本套路，但是多了一个诉求的因素。

这是很多企业在发订阅号或新闻稿时，经常忽略的部分。简单地说，你的内容要传播，一定跟读者或受众要有"关系"和"价值"。

撰写传播结果的文案，要在内容的结尾留下一个"钩子"，使读者跟你互动。最简单的让大家与你互动的方式，比如投票，抛出一个有意思的观点，或者留下你的联系方式。

要文案达到"销售"结果，主要得考虑在哪个平台展示，受众是什么，销售 KPI 是什么，投入的广告 ROI 又是什么。总之一句话，先要分析人群画像，再考虑表达文案是否到位。好的销售文案，要学会从正面和侧面两种表达方式来影响消费者的决策。对电商和微商领域来说，不能产生销售转化的文案，都是在浪费流量。具体的内容，我会在后面"方法、表达、呈现"三个板块上来展开讲。

二、文案的逻辑懂得说"人话"。

文案的逻辑我只强调两个我熟悉的领域，社交媒体的文案和电商的文案。

社交媒体的文案，其实有一种方式最受欢迎，"自黑"或者叫"自嘲"。这里我推荐大家看一档网络综艺节目——《吐槽大会》。我个人觉得，这是很好的"脱口秀+营销文案"的结合节目。《吐槽大会》跟《奇葩说》最大的差异，一个是纯娱乐，一个是引人深思。不过在娱乐和自嘲方面，《吐槽大会》我更推荐大家看看。

互联网过去可以说是虚拟的世界，上面都是假名字、假身份、假照片，甚至假性别，但是却说着每个上网者的真话。而现在的互联网，到处是实名制，我们读到的很多内容开始真的变成假的了。

所以好的文案，要有用户思维，能引导受众，并且产生互动，这样才会使文案有生命力，有商业价值，可传播。

社交媒体的文案，我们可以看"杜蕾斯"。最后，一定要在撰写社交媒体文案的时候，牢记上面提到的五个核心问题。

电商的文案，可以说把文案的"营销"结果做到了极致，毕竟每一次投"钻展"的可是真金白银。电商文案是最说"人话"的，每一个词的应用都会跟搜索关键词相关。因此，懂得提炼商品卖点，知道消费者会对哪个词"感冒"就变得尤为重要了。电商的文案更喜欢数字表达，喜欢说消费者的感受词，目的是给产品带来引流和下单。

三、文案的方法可以尝试"三元论"。

策划三元论，不是我发明的，而是我多年前的同事，王瑜先生创造的。他发现一个问题，每一个做产品的人，都会深究产品分析，不去关心消费者的感受。当消费者看到干巴巴的产品文案，品牌主会很容易丢掉一多半的入门级客户。毕竟在买卖双方，买方一定是非专业的多，他们需要看得懂，也值得信赖的产品文案。市场缝隙，就是品牌主通过大数据分析，找到市场上相对空白或者好做的市场份额。

打个比方，便携式衣柜可以从价格、材质、品牌三个维度考量。打开淘宝，便携式衣柜通常有60—80元和200元以上两种。材质大体分为木质和金属的，品牌更是花样繁多。市场缝隙就是在这几个维度里，找空白区。有没有价格在100元左右的塑料材质的品牌产品呢？有人会问我们，为啥要找到这个空白区，难道做一个大家都不做的市场，就成功了吗？我的回答，不是。那为什么要找一个100元塑料品牌的产品呢？答案是第三个圈告诉我们的，"我需要！"从产品定位的角度来说，生活洞察才是创造产品的原动力！

每个产品只能先解决客户的一个问题，而卖点的包装出色，才是客户买你的理由。便携式衣柜的用户都有什么标签呢？我首先看了一下销量好的产品和评价，生活洞察告诉我，购买者以女生为主。那她们是什么样呢？可能是学生或白领，因为价格相对便宜的好卖。其次通过颜色和材质，能判断出她们的审美还是很亲民的。她们大多还在经常搬家的状态，没有固定住宿就意味着会经常拆卸，这个讯息告诉我们，产品的材质很重要，安装的便捷性也是要突出的卖点。

气候对材质也会产生影响，材质会不会受潮变形呢？买家会考虑吧？最后是价格敏感度问题。大多数女性用户都不会轻易买货架上最便宜的，也不会轻易选择不知名的品牌，那选择什么比较靠谱呢？答，通过市场缝隙和产品分析两个圈的交集，来推一款爆品，就相对容易成功，是不是？

四、"感性+理性"的表达，提升文案的沟通技巧。

文案的表达，离不开情商和沟通。这一段，我会把我学到的两组表达技巧教给大家，希望在你写文案的时候，能有所帮助。理性表达包括六种：时间结构、空间结构、支点结构、变焦结构、钟摆结构和递推结构。

举个例子，解释一下。提问，"你觉得做电商难吗？"

时间结构，"我认为做电商难不难，要看我们做的时间了，在不同的时间节点，电商的难度各有不同。比如说十年以前，电商处在萌芽阶段，大家理解的电商就是淘宝卖货。而在近三年，电商平台逐渐完善，比如京东、淘宝天猫、唯品会、聚美、当当等。后来又出现垂直电商平台，而未来电商更多在APP上，进行流量表现，为知识（IP）付费，为直播买单，机会与困难并存。"

空间结构，"大多数人认为，国内做电商的现在可能越来越艰难，因为我们的付费流量越来越贵，客户的诉求越来越多，产品的差异化越来越小，冲量的成本越来越高。但恰恰在国外，电商的环境相对比较简单，像日本、美国、韩国，只要产品够好，上个众筹啊，做个亚马逊啊，在 eBay 卖卖，难不难做就很明显了。"

支点结构，"做电商难吗？我们要从三个方面去考虑问题。第一，我们经营的产品本身好不好；第二，我们处的行业是蓝海还是红海；第三，利润和成本是不是在良性发展。所以好不好做，我们说了不算，要看市场的大数据发展规律。"

变焦结构，"好不好，也要看行业，从简单的密集型的服装加工行业，到科技含量复杂的智能穿戴或 VR、无人机领域，都要看整个生态链的发展难易程度。各个环节的企业都在更快速的发展中。电商服务商行业也在转型，我是 2016 年的众筹小王子，也要努力学习视频和直播，成为下一个营销理论的开拓者。做电商难不难？我觉得是会者不难，难者不会。"

钟摆结构，"电商到底好做还是不好做？主要要看各个行业的变化，类似科技产品、大健康产品、母婴产品是风口，难度相对好一些，可以做做京东众筹。那传统的服装行业，食品行业应该是越来越不好做，竞争本来就激烈，而且平台也陆陆续续引进了很多国际大牌，孵化了不少国内的原创品牌。有时，就算是运营的老司机，也会无奈吧？那做哪个，就要看你的心态和能力。你可以在新锐行业中与风共舞，也可以在传统电商渠道中找新的营销突破口。"

递推结构，"在电商好不好做这个问题上，我只想说看你的运营实力和大行业趋势了。郭德纲先生说得好，'生活中有太多的不一定.'如果你有很强的团队,不一定运营得好新品牌;如果找到了合适的新品牌,不一定被市场上的用户认可,或有即使你的用户认可了你的产品和服务内容,也不一定能持续成为行业爆款。所以,好不好做,要看造化了!"

五、最终的呈现,需要好的设计配合。

再好的文案,都需要一种"意境"来呈现,可以是纯文案,但最好是配合设计图稿。曾经有一个设计朋友告诉我什么是"设计"。他说,就是"设个计!"好的文案,我分了四种呈现形式:产品型文案、广告型文案、用户型文案和转化型文案。

文案的呈现可以分为正面表达的和侧面表达。文案也要跟用户建立感情,学会我提到的"用户思维"。比如像我经常讲的农夫山泉的案例,文案可以从正面表达"有点甜",侧面表达"农夫山泉选取天然的优质水源,仅对原水做最小限度的、必要的处理,保存了原水中钾、钠、钙、镁、偏硅酸等对人体有益的矿物元素,pH值为 7.3 ± 0.5,呈天然弱碱性,适于人体长期饮用"。

最后,我用一部电影《老师·好》来举例解释。先用电影里最经典的一段台词,来为这个案例开个场:"我不是在最好的时光遇见了你们,而是因为遇见了你们才有了我最好的时光。"

在我看来,所有最终能成为电影里的经典台词,都是在帮助售卖电影票的转化型的好文案。在推广电影的同时,也可以推广电影里的演员,电影主题曲,同样能达到品牌传播和销售转化的作用。

以下内容为本人写的五条电影前期推广的文案,仅供大家参考。

产品型文案:

3月22日《老师·好》首映,"坏学生"于谦领衔演绎一位"好老师"!

广告型文案：

郭德纲说："欠谦哥一个影帝！"

用户型文案：

"有没有那么一位老师，让你总会想起？"

转化型文案：

"猫眼评分4，29元抢票看谦哥！"

金满铮朋友圈文案：

"当老师，可以改变一个人。"

8. 卖点训练营：视觉呈现

在营销产品的过程中，视觉呈现就是给消费者一个很好的感观，增加购买的冲动与下单的欲望。那如何把一个又好看又能卖货的图片展现给所有人，便成为品牌主比较头疼的问题。今天的课程我就围绕三个话题展开，"1个逻辑+1个标准+1个做法"。

1个逻辑叫作"跨界抄"。

在设计上，最好的呈现不是创新，而是微创新。做箱包的总是抄箱包的，做内裤内衣的就抄裤衩背心的，那永远不能脱颖而出。学会"跨界抄"，就成为一个重要的思考逻辑。当年我刚进入电商圈，师父苏然问过我一个问题，"在华人的电影圈里，如果李小龙不死，成龙的武打片会不会火？"我当时的答案是，"说不好，因为我跟李小龙同月同日生，我支持李小龙。"成龙的电影其实就是利用了"跨界抄"的思维。他的武打片好看，是因为既有李小龙的真的武打动作，又兼备很多的搞笑元素。

"跨界抄"其实可以用在很多的工作中，比如做电器产品的可以抄快时尚的外观设计，做儿童玩具的可以抄星级酒店的售后服务，做花草护肤品的可以抄医疗器械的包装展示，只要是同一种消费者在不同领域的消费，有着共同点的都可以做"跨界抄"。再比如金满铮老师喜欢吃麦当劳，喜欢喝可口可乐，喜欢穿耐克，喜欢开奥迪，喜欢住亚朵酒店，喜欢玩孩之宝玩具，喜欢逛京东购物，那这些品牌的广告可以用一种调性，来引导我不同领域的消费和审美标准。

我曾经服务的一家手机壳品牌，就是利用"跨界抄"的思维，做到了手机壳行业里的ZARA。让换手机壳变成了时尚的潮流，买着看似大牌的设计，却花着平民都能接受的价格，这个品牌叫MOOKE。如果大家还是不能理解"跨界抄"，那我换其他的词做参考：花瓣、站酷、视觉中国、设计路上、酷站加油、互动中国（案例）。这里强烈推荐大家看一本我心中的"葵花宝典"——《广告档案》。

1个标准叫作统一VI。

VI全称Visual Identity，即企业VI视觉设计，通译为视觉识别系统，它是将CI的非可视内容转化为静态的视觉识别符号。设计到位、实施科学的视觉识别系统，是传播企业经营理念、建立企业知名度、塑造企业形象的快速便捷之途。企业通过VI设计，对内可以征得员工的认同感、归属感，加强企业凝聚力，对外可以树立企业的整体形象，使资源整合，有控制地将企业的信息传达给受众。通过视觉符码，不断地强化受众的意识，从而获得认同。VI是企业CIS中的一部分，企业CI包含三个方面，分为BI、MI、VI，即行为识别，企业理念识别和视觉识别。

但是统一VI的必要性到底是图什么呢？我的答案是，显贵。VI

可以是文字的统一，可以是颜色的统一，可以是图形的统一，也可以是风格的统一。之前提到的 MOOKE 品牌，我们当时就利用了蒂芙尼的蓝，来区分行业里的识别颜色。用现在的一个词来形容就是，"高端大气上档次"。

关于 VI 的统一，欢迎大家去我的参考文章里找答案。

1 个做法叫作做减法。

你可以理解为常规的 FAB 法则，也可以去理解我的前辈三毛老湿的"超级卖点"理论和"滑屏营销"理论。总之一句话，就是每一屏，我们只展示一个卖点。

FAB 法则是指：

F 指属性或功效 (Feature 或 Fact)，即自己的产品有哪些特点和属性。

A 是优点或优势 (advantage)，即自己与竞争对手有何不同。

B 是客户利益与价值 (benefit)，这一优点所带给顾客的利益。

在视觉呈现中，我们会按 FAB 法则，把客户想看到的卖点分为 A1, A2, A3, B1, B2, B3, C1, C2 等，最终按照重要性和一定的顺序，变成一屏屏的详情页，展现给消费者。而核心中的核心点，每一屏只能阐述一个内容。关于页面呈现的规则，我继续推荐一本书，我参与编写的《京东平台视觉营销》。

9. 卖点训练营：社交推广

社交媒体改变了人与人之间的交流方式，社交营销使得更多品牌"一夜成名"成为可能。接下来我会围绕四个话题来解释社交营销的营销逻辑、商业目的、平台选择、运营思路。

一、大多的营销逻辑，都离不开"人性弱点"。

好看的内容，有竞争比较的，可以上瘾的，才会被传播与营销。那如何掌握消费者的弱点呢？请来本系列第三讲人群画像，看看我是如何分析的。回到本章内容上，营销逻辑即满足人的各种欲望，比如好奇，比如占便宜，比如竞争，比如虚荣，比如自私，等等。

在社交营销的过程中，多利用用户思维思考目的、内容、方式。用户思维是用户喜欢在社交媒体上想看到什么，就主动推送和生产内容，而不是"产品思维"的主观表达。企业最容易出现的问题，就是把社交媒体当作了企业的"大字报"和"广播站"，不管用户或粉丝的感受，一味填鸭式地在社交媒体平台上产出"无效内容"，比如公司开会、公司活动、产品发布，等等。但凡想在社交媒体上做营销的品牌，应该先让企业负责人转变心态，理解营销的逻辑和其他六个重要问题。

二、社交营销的目的，提升线上商业的品牌价值。

在微博时代，平台确实打造了不少草根品牌，也成就了很多大品牌的"社交化"转型，这些品牌神话，让他们拥有了粉丝的关注、行业的地位、可观的收益。随后，更多的品牌开始走上了社交媒体的营销之路。品牌主投了很多精力、人力、财力，却还是没有获得相应的结果。

这个问题出在哪了呢？我把这个问题总结为"看病吃药"理论。"看病吃药"，一定会遇到三个不同的阶段，分别是"你有病"，"还有救"，"药很贵"。

第一阶段，"你有病"：是指品牌不懂微博怎么玩，就开始盲目投入广告或者招人运营。早期的微博没有很系统的商业模式，运营人员大部分也不太理解微博的打法，导致投入产出比不好，得了病却不知道怎么治。

第二阶段，"还有救"：是指在早期的微博时代，有很多大大小小的服务商公司在帮企业做微博"代运营"。包括一些官方的培训和分享大会，使得企业似乎找到了救命稻草，开始尝试各种合作与媒体投放。

第三阶段，"药很贵"：是指相对大的服务商出现，开始配合传统广告公司提供看似专业的"服务"。那些年，品牌主一次新媒体的投放，少则三五十万，多则几百万上千万的广告费，就是为了期盼好的结果出现。

可是万万没想到，这三个阶段过去了，好的"期盼"没有来。太多服务商给品牌主许诺的"惊喜"都变成了"惊吓"。于是我给出了营销路上的第四阶段，"治不好"。"治不好"的原因要追溯品牌主最早投入社交媒体的初衷。好多品牌希望在社交媒体为他们赚钱，但是把粉丝增长的实质价值忽略了。有些品牌负责人，把"涨粉"设置成为运营的KPI，盲目地追求数量增长而不关注质量，使得"水军"和"买粉"成了刚需市场，亵渎了社交营销的原本价值。

在我看来，新媒体的商业价值有四个，提升产品曝光、增加获客机会、拉动线上销售、沉淀品牌价值。

社交媒体早期没有跟支付功能，更多的是以媒体属性展示产品和品牌。消费者想购买产品或者体验服务，需要跳转到专属的网站或APP上，完成整个购买环节。大量用户在平台上提供UGC，使得产品和服务的曝光做到最大化的展示，却并非产生绝对的购买行为。当一个消费者在社交媒体上，分享了产品或服务内容，就有机会被潜在的客户所看到。假设消费者表达的是正面的评价，和潜在客户再产生正面的互动，品牌获得新客的机会就大大增加了。第三步，品牌主可以根据消费者和潜在消费者的互动，来进行社交营销，即关注账号、进行交流、询问需求、提供产品或服务。最后一个价值是沉淀品牌，也就是给品牌赋能，经营粉丝，产生更多的价值。这些价值可以是影响消费者的购买行为，对品牌的认知与好感，甚至帮品牌做二次宣传等等。总结一句话，"社交营销不一定是为了卖货，但是做了就有卖货的机会。"

三、平台的选择，主要看消费者的喜好。

现在的新媒体已经不仅仅是微博和微信，还可以是今日头条、知乎、抖音、小红书，等等。在选择媒体平台的时候，也要考虑品牌主的目的。如果是为了"带货"，可以选择有支付功能的平台或者阿里、腾讯系的媒体属性平台。如果只是为了影响消费者的审美和对品牌的认知，也可以考虑新闻类、工具类、游戏类的APP。比如做电商的品牌大部分就选择淘宝和京东，做服务的可以选择工具和新闻，做知识付费的可以选择音频和视频。

不论品牌选择什么样的媒体，都要先考虑你的受众属性，判断受众属性可以参考第三讲人群画像。大多数品牌在新媒体投放广告的时候，我还是建议选择新浪微博、微信朋友圈、今日头条、滴滴出行，这种过亿级的用户平台。（很多垂直的平台可以考虑尝试合作，比如输入法的搜狗、二次元的b站、电影演出的猫眼、O2O的大众点评等）

四、社交营销要有运营思维，五步内完成营销闭环的搭建。

第一，做营销也要懂运营，包括运营平台、运营用户、运营内容。运营的第一步，依然是洞察用户，通过大数据和用户的各种行为进行判断。运营在掌握用户填写的个人基础数据之外，还要关注用户在平台上的支付行为、浏览行为、分享行为，等等，从而倒推出你提供的内容是否有价值，是否可以让消费者买单。"千人千面"的理论也是通过数据运营，给用户一个相对好的使用体验和精准推送，从而获取更大的收益。

第二，社交媒体在平台上对消费者或用户观察分析后，继续锁定用户的某两个到三个痛点，进而调整更优的解决方案。比如信息的阅读习惯从列表到瀑布流展现，再比如使用过程中按钮的设计和摆放的优化，再比如方便新用户使用可以提供通过第三方账号登录，等等。一旦平台有了升级，品牌主就要根据用户的痛点，来优化自己的服务和调整自己输出的内容。

第三，品牌主在社交媒体上做营销，可以尝试颠覆之前消费者对自己的认知，塑造品牌的"社交形象"。品牌可以在平台上更"人性化"，参考杜蕾斯。不要以冷冰冰的企业身份与用户互动，而是变成一个"活"的人，有情感有性格有态度。社交媒体分了很多种，目前企业的标配是"两微一抖"。微博可以是官方发声，微信可以是内容服务，抖音可以是娱乐交互。

第四，传播是一件"痛苦"的事，最难的工作就是持续创造内容。内容的主要组成就是文案和视觉。好的活动传播离不开好的主题、好的海报、好的视频、好的传播渠道。关于文案和视觉的内容，可以回顾之前的课程。当创意和想法枯竭的时候，请用我之前提到的"跨界抄"的理论，去做段子的搬运工。在传播的过程中，要掌握两个关键词，借流量和截流量。借，是找头部流量做资源合作；截，是在大流量上做优质内容。

第五，当消费者已经成为你的粉丝，就要把粉丝收割到你的私域流量上，比如到你的公众号，你的小程序，你的官网，你的线下实体店，等等。这个阶段最好的做法还是建立"社群"。我提到的"社群"主要是依托于微信群的做法，精细化服务用户，继续榨取消费者更多的剩余价值。

10. 卖点训练营：微信营销

微信营销感觉是很大很空的话题，当品牌面对"新零售"的概念全面铺开，O2O也在逐步升级之后，该如何做营销呢？我就围绕四个问题展开，入口、营销、支付和分享。

入口，是所有品牌在营销时，花重金排重兵抢夺的地盘。对于微信营销，入口到底是什么？我的答案是，获取每一个新客户的机会。而这个机会可以从传统的线上广告投放获得，也可以从线下自身的流量转化。现在很多企业都在被流量巨减的问题所困扰，比如银行、通讯营业厅、书店，等等。原因就是电商平台的出现，减少了大家逛街买某种单一产品的机会，相反服务类行业的场所开始不降反升，比如电影院、特色餐厅、综合性商场、健身房，等等。

那对于大量消费者的娱乐和消费动线迁移，品牌应该怎样找到大家，并且很好地展示你的产品和服务呢？应该是找到各种APP的流量入口和多设计自己平台或者产品的入口。而想获取这种种的入口，可以两个好办法来解决。第一，通过微信强大的流量，进行"第三方登录"，方便获取共同的用户，把微信流量转接到自己的流量上，连通微信的站外和站内。第二，通过品牌自有的二维码"可分享到其他APP或微信"或者可扫描的二维码海报，连通品牌的线上和线下。

说到第三方登录和扫描这两个动作，其实很多用户还是有后顾之忧，害怕被盗用密码，害怕信息泄露。说句不讲理的话，有人要是想要我们的信息，估计这个手段真的是太老套了。

这里需要强调一点，每一个线下实体店，都应该有明显的二维码海报和有效的引导关注话术。扫不扫是消费者的事情，但是怎么展示和表达那就是品牌方的事情。大多数人不爱扫二维码的原因有两个，一个是"利益"没给够，一个是"方便"没给够。二维码有很多的用处，可以关注订阅号获取信息，可以获取 Wi-Fi 密码，还可以支付费用。

营销，是需要人和工具相互配合完成的。随着这两年 APP 的大热，带动了消费者使用和下载 APP 的习惯，但是小程序的火爆，使得更多的品牌放弃原本开发 APP 的念头，转成了小程序的研发与应用。

好的小程序确实能给消费者带来很多便利，增加了品牌主的营销机会。比如工具类和支付类的小程序，就是我最喜欢的种类。比如查话费，比如航空公司值机，比如腾讯第三方提供的多种内容，由此也能看出腾讯的新零售布局相当庞大。

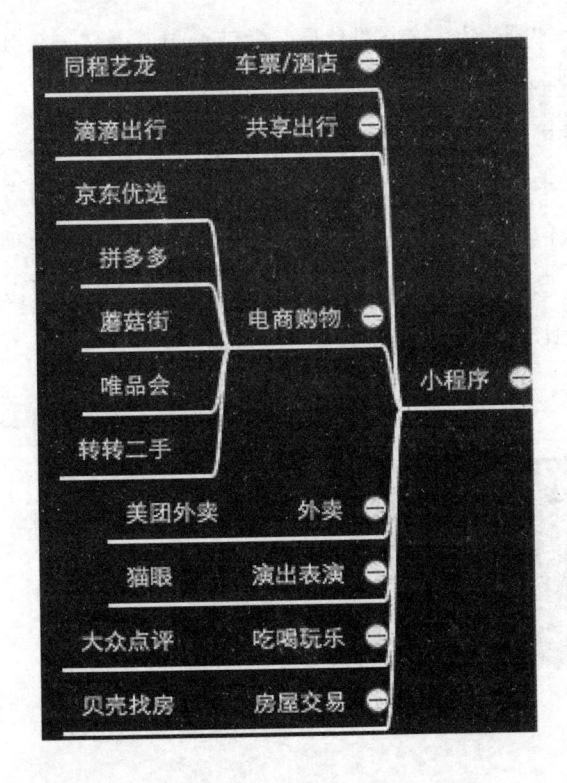

腾讯小程序的页面

　　我在这里点开过腾讯官方提供的所有小程序,个人觉得还是挺方便的,但这些还是不能满足所有品牌与消费者的深度交互,所以必须要在线下店员的引导下,把微信上或者其他形式的内容和活动推送给消费者。

　　支付,是锁住客户的最好的手段。一旦消费者养成了在你的店里用微信支付的消费习惯,就很容易对他产生后面一系列的支付策略。微信支付最大的对手就是阿里的支付宝,如果能通过微信官方减免的活动或者摇一摇等形式,让消费者持续使用,消费者就可以进入第二个"圈套"。这个圈套是，微信卡包。微信卡包我的理解是"小程序服务+会员卡+支付"三个功能的集合体。

消费者可以通过之前的二维码扫描，订阅品牌的公众号，获取相应的会员卡，享受相应的服务与专属内容，提升消费者体验。这里的微信卡包，还会配合 LBS 的服务，获得消费者的地理位置，推送相应的信息，把支付的可能性最大化。这部分内容可以参考麦当劳的玩法，比如"我要送礼"。

麦当劳的"我要送礼"

最后，再次强调在支付过程中需要注意的要点，不论是商场的自助付停车费的小程序，还是餐厅点餐支付买单的小程序，都要考虑场地的信号好不好，操作方不方便，以及手机支付有没有相应的让利和减免的"好处"。如果三个都有考虑，消费者肯定会愿意自主选择支付。

分享，是营销闭环的一个重要环节。我总是说"一方有难，八方点赞"，好的营销最终还是需要通过二次传播，才能扩大影响力。

好的分享基于有意思的内容和机制。好的内容可以是活动的海报，可以是照片，可以是短视频，也可以是品牌精心准备的H5。H5的制作，能让消费者自主传播。

微信朋友圈的展现规则和玩法已经改变了很多，从只能展示图片和文字，到后面的短视频；从展示全部的内容，到半年可见，三天可见；从分组可见、标注五角星，到现在的内容可折叠；等等。朋友圈也好，H5展示也好，我们都可以利用一个叫作微信广告（原名广点通）的产品，通过人群设定，进行精准投放的展示。关于全网的微信使用习惯、场景、相关数据，欢迎大家去看一下张小龙先生在2019年微信公开课上的内容。最后总结为一张图。

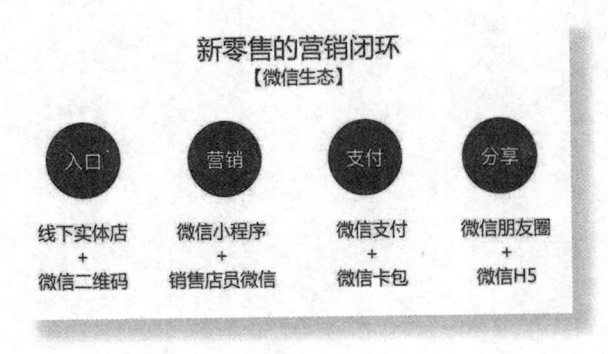

新零售的营销闭环